꽃을 드니 미소 짓다

꽃을 드니 미소 짓다

제운堤雲 스님 글·그림

지혜의나무

머리글

계절은 변화해서 움추렸던 겨울을 지나 봄을 맞이하니 농부는 한 해의 농사를 준비해야 하는 바쁜 때다. 언제쯤이던가? 시서화(詩書畵)를 지어보겠다는 마음을 가지던 차 2년 전부터 한 컷씩 「경기데일리와 경상매일신문」에 칼럼형식으로 연재를 했다. 선가(禪家)의 분상에서 보면 다 부질없는지도 모른다.

그러나 중생의 근기(根機)가 각기 다르고 이해하는 점도 각기 다르기에 나는 시·서·화에 골똘하게 되었다. 나는 수행자다. 그간 현존하는 고승대덕들이 법문(法門)을 통해 많은 게송(偈頌)을 읊었지만 스스로의 게송보다는 중국 고승들의 법문을 인용하기가 다반사였다.

일찍이 경남 양산에서 10대 후반에 합천 해인사(海印寺)를 향해 무한정 걷고 또 걸어 출가를 해서 오늘에 이르렀다. 출가란, 집을 떠나고 정든 가족을 버리고 자기마저 버릴 때 진정 출가라 할 수 있다. 처음에는 강원, 선방 등에서 수행을 익히지만 점차로 스스로 길을 가야 한다. 그것이 경에 나오는 '무소의 뿔처럼 홀로 가야 한다'는 수행의 길이다.

어느 때는 산을 넘고, 어느 때는 물을 건너고 어느 때는 머문다. 다만 진정한 수행은 한 생각을 쉬는 데 있다. 한 생각을 쉬지 못하면 산 넘고 물을 넘는다 해도 도(道)와는 요원하다. 이 한 생각을 쉰다는 게 쉽지만은 않다.

나의 스승 경산스님께서 "너는 금생에 사람노릇 하지 말라" 하신 까닭도 한 생각을 쉬라는 뜻이다. 그 한 생각을 쉬기 위한 노력을 수행자로서 오늘도 계속해나가고 있다. 나의 수행은 여기서부터 시작해서 곤륜(崑崙)에 오르는 그날이 나의 종착지가 될 것이다.

보고 느끼고 체험한 과정을 후인들을 위해 정리한 것이 이번에 보인 『꽃을 드니 미소 짓다』(拈花微笑)이다. 이것이 조사관(祖師關)에 부합해서 나의 수행일지가 야부선사 게송(冶父禪師偈頌)에 "마음에서 사람에게 짐 되지 않으면 얼굴에 부끄럼이 없다."라 한 그런 수행자로 남는다면 다행한 일이 아닐 수 없다. 강호 제현의 일독을 권하며, 또한 많은 질책을 멀리하지 않겠다.

영일만(迎日灣)에서 제운 합장

목차

2부 세로(世路)

3부 연하(戀河)

4부 방하착(放下着)

1부 염화미소(拈花微笑)

꽃을 드니 미소 짓다

나는 누구인가

내무지반처 來無知返處
거도잉허무 去道剩虛無
금세편휴거 今世便休去
하로구비오 何勞求俾嗚

왔지만 돌아온 곳 알지 못하고
가는 길 허무만 남기네.
금생은 잠시 쉬어가는 곳
무엇을 애써 구하려면 슬픔만 더하리.

나는 누구일까? 나는 어디서 왔을까? 어디서부터 분명 오긴 왔다. 다만 "왔지만 돌아온 곳 알지 못하고"라고 스스로에게 묻는다. 이 말이 조금은 피상적일지 몰라도 불교 중아함경에 "전생의 일을 알고자 하면 금생의 받은 과보를 보라. 내생의 일을 알고자 하면 금생에 하는 일을 보면

誰我
末莫知返慮去道剩虛名
今去便休去何勞求俾鳴

안다."(欲知前生事 今生受者是 欲知來生事 今生作者是) 하였다.

불교는 윤회(輪廻)를 내세우는 종교다. 과거 전생이 없으면 현재도 없고 현재는 곧 내생으로 이어진다는 것이 불교다. 이러한 가운데 과연 나는 누구이며, 어디서 왔으며, 왔다면 돌아갈 곳은 어디냐?

"가는 길 허무만 남기네." 인간은 누구나 한번 오면 반드시 가야 한다. '그 가는 당처가 어디냐?' 이것이 수행자의 화두(話頭)가 된다. 이 화두를 가지고 적게는 몇 년 길게는 평생을 화두와 싸워야 한다. 수행공덕이 있어 빨리 깨달으면 다행한 일이지만 그렇지 못하면 죽는 날까지 화두를 버리지 못한다.

그러므로 화두 중에는 "만법은 하나로 돌아가는데 돌아가는 그곳이 어디냐?"(萬法歸一一歸何處) 등의 화두를 든다.

수행이 잘 되고 잘 안 되는 것은 오래 앉아(坐禪) 버티는 것에만 있는 것이 아니라 화두가 얼마나 성성(惺惺)하냐 하는 이것이 중요하다. 화두를 들고 수행하는 자는 꿈속에서도 화두를 놓지 않아야 한다. 이럴 때를 오매일여(寤寐一如)라 한다.

"금생은 잠시 쉬어가는 곳"이라는 것은, 우리가 사는 세상을 사바세계(娑婆世界)라 한다. 사바세계란 인욕(忍辱)의 세계로 인욕이란, '욕됨을 참는다'는 말로서 달리 말하면 고해(苦海)라고 할 수 있다. 예전 양산 통도사에 도인으로 전국에 이름을 떨친 경봉(鏡峰)스님께서 법상에 올라

"사바세계는 잠시 쉬어가는 세상이니, 이왕 왔으니 멋진 연극 한 번 하고 가라" 하셨다. 멋진 연극이 어떤 것인가는 굳이 말하지 않아도 스스로 내가 조연으로 살 것인가, 주연으로 살고 있는가를 생각해 보면 알 수 있다.

다만 우리가 사바세계에 오는 것도 과거세의 공덕이 많지 않으면 올 수 없는 곳이다. 그래서 이왕 사람 몸을 받았다면 멋지게 사람답게 살다 가라…는 뜻으로 볼 수 있다.

"무엇을 애써 구하려면 슬픔만 너 하리"라는 말은, 사바세계는 **탐욕**의 세계다. 이 탐욕 때문에 취하려는 자와 그것을 지키려는 자와의 사이에서 다툼이 생기고 그러한 과정들이 모두 악업(惡業)으로 남게 되고 이 악업의 결과가 윤회(輪廻)의 결과를 낳는다. 얼핏 생각하면 죽어서만이 윤회하는 걸로 생각할 수 있으나 대개는 죽기 전에 과보를 받을 수 있다. 그러므로 편안한 임종(任終)을 맞이하기 위해서라도 악업은 피하고 선업을 쌓아야 하지 않을까? 인간이란 탐욕이 많아서 가령 재물이 풍족하면 그것으로 만족하지 못하고 명예와 권력을 탐한다. 권력이 있는 사람은 그것으로 만족하지 못하고 재물까지 가지고 싶어 한다.

이러한 모든 것들이 멀리 가지 않아 임종이 가까워지면 돌이킬 수 없는 슬픔으로 다가오게 된다는 사실을 잊어서는 안 된다. 🦌

운수납자(雲水衲子)

종운수류수사오 從雲水流修四五
허회애절여래파 虛廻哀切如來波
편휴일념로진체 便休一念露眞體
내거무우무애가 來去無憂無碍歌

구름 따라 물 따라 수행한 지 45년
돌아보면 쓸쓸하고 애절함이 밀물 같아
문득 한 생각을 쉬니 참모습 그대로 드러나
오고 감에 거리낌 없어 무애의 노래를 부른다.

수행의 길목에 들어선 지 45년이 흘렀다. 돌아보면 엊그제 같은데 그렇게 흘렀다. 수행하는 스님들을 일컬어 운수납자라 한다. 운수납자란 해진 옷을 입은 수행자가 구름 따라 물 따라 다니면서 수행하는 데서 이름이 붙었다.

従雲水
流修四
五處廻
來哀切
波如
休一念
露真體
來去吾
憂無碍
歌

雲水衲子

一波堤岸

17

처음 출가할 때 입산지가 해인사(海印寺)다. 그곳에서 처음 행자(行者)로 들어가기 위해서는 면담을 하게 된다. 어디서 왔으며 왜 출가를 하려는지 등을 묻는다. 지금 생각나는 것이 "팔만대장경을 다 보지 않고서는 말하지 말라"는 말은 지금 생각해도 종무소 행자담당이 좀 지나친 것 같다. 그렇게 말하는 그 스님은 팔만대장경을 다 보고 하는 말인지, 물론 좋게 생각하면 부처님의 말씀인 팔만대장경의 우월함을 강조하는 정도로 받아들일 수 있다지만 …

행자로 잠시 머물 때 누가 그랬다.

팔공산 동화사에 가면 경산(京山) 큰스님이 계신다. 나는 그 말을 듣고 동화사로 와서 경산스님 앞으로 득도 수계를 했다. 당시 경산스님은 도봉산 천축사 무문관(無門關)에서 5년을 수행한 스님. 무문관이란 한번 들어가면 깨닫지 않고서는 나올 수 없다. 물론 완전히 못나오는 건 아니다. 6년이라는 기간이 정해져 있다. 참고로 6년을 채운 스님은 직지사 조실로 계시다 입적하신 관응(觀應)스님 한분이다.

이곳은 작은 구멍으로 밥을 넣어 준다. 그런 환경에서 5년을 수행하고 깨달은 분이 바로 경산스님이다. 뒷날 스승이신 경산스님께서 나에게 "깨닫게 되면 큰 확(鑊 무쇠 솥) 같은 곳에 갇혀도 몸은 나와 있는 것 같다" 하시면서 "너만이라도 도인(道人)이 되어 보라" 하셨다. 지금 생각하면 도인의 길은 가지 않고 이렇게 글을 쓰는 문인승(文人僧)이 되어 스승의 뜻을 다하지 못함이 아쉬움으로 크게 다가온다.

18

되돌아보면 슬프고 아쉬웠던 순간들이 마치 밀물처럼 다가온다. 수행이란 어렵게 생각하면 평생을 좌선해도 어렵고, 쉽게 생각하면 세수하다 코를 만지는 것처럼 쉽다. 무엇보다도 수행의 제일 덕목이라면 한 생각 쉬는 데 있다. 나의 스승 경산스님은 나에게 "너는 금생에 사람노릇하지 말라" 하셨다. 수행자에겐 꽤 의미심장한 말이 아닐 수 없다.

한 생각 쉬지 않고서는 진상(眞常)을 바로 보지 못한다. 화엄경합론(華嚴經合論)을 써 은관문화훈장을 받은 당대 불교 최고 학승이자 오대산 월정사 조실로 계셨던 탄허(呑虛)스님께서 오래전 법주사에서 법문(法門)하기를 "일념상응(一念相應)하는 자리가 바로 도(道)"라 했다. 일념상응이란 한 생각이 서로 맞아떨어짐을 말한다 할 수 있다. 나는 이것을 화두타파(話頭打破)로 받아들인다. 화두란 참선(參禪)을 할 때 꼭 필요한 도구이다. 마치 밭을 일굴 때 괭이와 같은 것이다. 괭이라 해도 도구에 지나지 않는다. 그렇지만 그 도구를 잘 쓰면 힘을 덜 들이고 밭을 일구는 것과 같다.

그러므로 스님들이 참선을 할 때 화두가 얼마나 성성(惺惺)하냐가 가장 중요하다. 성성하다는 것은 화두에 집중이 잘됨을 의미하는 것으로 즉 공부가 잘 된다는 것이다. 공부가 순일하면 행주좌와(行住坐臥)에 크게 걸리지 않는다. 더 나아가면 어떤 경계가 나타나도 그것을 넘을 수 있다. 그렇게 될 때 무애(無碍 막힘이 없다)가 된다. 마치 목동은 피리 불고 소는 목동으로부터 자유롭게 마음껏 풀을 뜯는 것과 같은 경지가 된다. 나는 이런 과정을 두고 '무애의 노래'라 표현했다.

참선(參禪)

적적월하 寂寂月下

좌정삼매 坐定三昧

냉기윤납 冷氣潤衲

아도무애 我道無碍

소구파두 所求破頭

견성불회 見性不晦

고요한 달빛 아래

앉아 삼매에 들다

찬 기운 옷깃에 스미고

내가 가는 길 막힘 없어

오직 화두를 깨트려

본성을 보고 매하지 않기를.

参禅
一波堤岸云

寂寂月下
生定三昧
冷气润衲
我道无碍
所求破颈
见性不晦

수행에 있어서 무엇이 수행이고 무엇은 아니라 한다면 단견(斷見)에 떨어진다. 무엇보다도 수행이란 어떻게 해나가느냐 그것이 수행의 지표가 된다. 과거 청도 도솔암(兜率庵)에 머물 때다. 해가 서산에 걸릴 무렵 저녁 예불 시간이 도래했다. 내가 도량에 나서는 순간 어느 신도가 왠지 모르게 분주해 보였다. 나는 그 신도를 향해 "보살님 예불 시간입니다" 하니 신도가 대뜸 말하길 "저는 이미 마음으로 했습니다" 했다. 이것을 두고 신행이라 해야 할지, 수행이라 해야 할지?

수행은 말로 땜 방을 하는 것이 아니다. 수행은 몸으로 실행하고 정신으로 옮겨야 한다. 몸 따로 정신 따로는 있을 수 없다. 더군다나 생사의 문제를 해결한다고 잠을 뿌리치며 좌선(坐禪)하는 데는 한 털끝도 용납되지 않는다.

경허(鏡虛)스님 참선곡(參禪曲)에 "예전 사람 참선할 때 송곳으로 찔렀거늘, 나는 어이 방일할고…"라는 내용이 나온다. 선이란 고요함을 뜻한다. 고요함이란 외형적 고요를 말하는 것이 아니라 내면의 고요를 말한다. 내면의 고요는 오직 한 생각을 쉴 때 가능하다. 한 생각이 일어나는 것은 마치 바람에 의해 물결이 요동치는 것과 같아서 한 생각 일어나기 이전으로 돌아가야 한다.

참선은 이와 같아서 환경의 고요가 아니라 내면의 고요를 만들어 나가는 것이다. 다만 그 내면의 고요를 어떻게 구할 것인가는 현재 한국불교에서는 간화선 화두(看話禪話頭)를 든다. 간화선이란 화두를 본다는 뜻이고, 화두란 말 머리로서 의심의 덩어리와 같다. 이 의심의 덩어리를 타파해서 본성을 보게 되는데 이것이 견성(見性)이다.

이렇게 견성을 했다고 끝난 것은 아니다. 다시 매(昧, 어둡다)하지 않도록 해야 하는데 이것이 보림(保任)이다. 이러한 과정을 거쳐 다음 단계는 확철대오(確徹大悟)다. 확철대오란 완전한 깨달음으로 무여열반(無餘涅槃)이 된다. 무여열반은 아무런 거리낌 없는 열반의 경지로 부처가 되는 것이다. 부처가 되면 나고 죽음에 걸림이 없으며, 윤회(輪回)의 고(苦)가 끊어져 영원한 삶(永生)이 된다.

사람들이 저마다 주어진 환경을 두고 대화를 한다면 스님들은 대화의 주제가 공부다. 공부가 순일한지 아닌지는 화두를 얼마나 잘 들고 있는가 하는 문제가 중요하다. 그래서 스님들은 안부를 묻거나 만나 인사를 나눌 때 "요즘 공부가 어떠하십니까?"라고 묻곤 한다.

세인들이 만나 축배를 들 때면 "건배"라고 하든지 또는 "위하여" 등을 소리치지만 수행자들은 "확철대오!"라고 소리친다. 아마 이 소리는 불교신자가 아니면 모를 수도 있다. 🧘

무유에 대하여(對無有)

무무혜불무 無無兮不無
본시무무유 本是無無有
약월무유경 若越無有境
수간견자모 須間見慈母

없다 없다 한다면 없는 것이 아니고
근원으로 보면 있다 없다 할 수 없어
만약 있다 없다는 경계를 넘어선다면
순간 관세음(慈母)을 친견하리라.

불교 수행에 있어 '무'다 '유'(존재)다라는 말은 관념적으로 많이 쓴다.
'무'라는 한 글자를 쓰면 없다는 뜻으로 쓰이지만 무 자를 두 자 이상 붙
이면 없다는 부정에서 긍정으로 돌아온다.
　　무 자의 대명사처럼 쓰이고 있는 것이 조주(趙州)스님의 구자무불성

對無有

無無
兮不
是無
無車
有無
若越
無有
境須
間見
慈母

丁酉年新正
一波堤雲

(狗子無佛性) 화두(話頭)다. 구자무불성이란 '개는 불성이 없다'는 뜻이다. 한 날 어떤 스님이 조주스님에게 묻기를 "개도 불성이 있습니까?" 하니 조주스님께서 "무"라 했다. 이 말은 불성이 없다는 말이다. 이것이 하나의 화두가 된다.

부처님께서는 일체중생개유불성(一切衆生皆有佛性)이라 했다. 모든 중생은 불성이 있다는 뜻이다. 조주스님이 불성이 없다 하니 이것이 큰 의심이 아닐 수 없다. 그러므로 참선하는 수행자들이 필수로 갖추는 것이 화두다. 화두란 참선에 있어 길을 갈 수 있는 차와 같아서 반드시 이 화두를 참구해야 한다.

무를 무라고 하면 이 또한 관념의 무에 빠진다. 무를 무가 아닌 무로 받아들여야 한다. 그렇다고 유로 받아들여 그 존재의 가치에 갇히면 이 또한 단견(斷見)에 늪에 빠지게 된다.

보라, 저기 고요한 정처(定處)가 있다. 그것을 무엇이라 할 것인가? 무라 할 것인가, 유라 할 것인가, 공이라 할 것인가. 그것은 무도 유도 공이라 단정할 수 없다. 그대로 보이는 현상일 뿐이다. 그러나 그 현상 자체는 유라 할 수 있겠지만 영원히 그대로의 현상은 아니다. 시시각각 변화하기 때문에 유라 단정할 순 없다. 또한 고요하고 텅 빈 것 같아 무라 할 것 같으나 그렇게도 단정할 수 없다.

앞서 언급한 조주스님이 개가 불성이 없다고 해서 "무"라 했지만 다른 분상에서는 "유"라 답을 했다. 표면적으로는 무다, 유다 드러내지만 모든 것은 하나의 관념의 테두리에 지나지 않는다. 관념이란 본시 실체 없는 그림자 같은 것.

저기 고요하게 보이는 호수를 보라. 고요해 보이는 그대로 부동(不動) 이라 할 것인가, 그렇지 않다 할 것인가는 보는 각도에 따라 다를 수 있다. 그 다름을 바로 이해해야 한다. 꿈속에 청산을 밟았는데 다리가 아프지 않은 것은 꿈이기 때문이다. 꿈이란 실체가 없는 허황된 것이다. 반야심경에 전도몽상(顚倒夢想)이라는 말이 나온다. 마치 꿈속의 모든 행위는 진도몽상과 같다. 진도몽상이란 '뒤집힌 생각'으로 꿈속이 아닐지라도 착각을 해서 전혀 비현실적인 장난을 한다면 이 또한 전도몽상이요, 꿈속의 행위와 같은 것이다.

일찍이 달마대사가 양나라 무제(武帝) 임금을 만나서 인사를 나눈 뒤 무제가 불사에 대해 언급했다. 탑을 세우고 전각을 세우는 등 은근히 불사(佛事)자랑을 늘어놓았다. 그런 말을 들은 달마는 별로 대꾸하지 않았다. 무제가 기분이 안 좋았다. 끝내는 무제가 마주 앉은 달마대사에게 "짐을 대하는 당신은 누구인가?"라고 물었다. 달마는 즉시 말하길 "모르오"(不識) 했다. 진정 달마가 몰라서 모른다 했을까? 그리고 불제자라면 불사를 많이 했다는 자랑일지라도 칭찬을 하고도 남을진대 퉁명하게 받고 홀쩍 자리를 박차고 일어나 양자강을 건너갔다. 기록에 의하면 양자강에 갈대를 띄워 넘었다 한다. 한발 더 나아가 장강(長江)의 물을 다 마셨다면 이것을 어떻게 설명할 수 있으며, 고불(古佛, 옛 부처)이 세상에 출현하기 전에 이미 중생을 다 제도해 마쳤다면 이 또한 무엇으로 말할 것인가?

본시 중생도 부처도 없음이여
구제할 일도 구제받음도 없음이여
강을 건넌 뗏목은 이미 뗏목이 아님이여
일 마친 목동이 소도 버리고 피리도 던졌다네. 🕯

덧없는 인생이어라(無常人生)

세난생일족 世難生一足

풍망기무환 風亡흤無患

영부여춘몽 榮富如春夢

흥망약거안 興亡若去雁

어렵게 나온 세상 늘 족하므로

바람에 그물처럼 거리낌이나 근심 없이

부귀와 영화는 봄날의 꿈 같은 것

흥하고 망하는 일 가버린 기러기 같다네.

벌써 한 해도 얼마 남지 않았다는 생각에 허무함이 찬바람처럼 스며
든다. 옷깃에 스미는 바람은 참을 수 있어도 세월에 스며드는 아픔은 참
기가 어렵다. 누가 그랬던가? 인생은 구름 나그네라고. 왜 하필이면 구
름나그네라 할까? 생각하면 구름이란 실체가 없어서 떠돌다 사라지는

壺難生一足
風網忌無患
榮富如春夢
興亡若去鴻

無常人生
丁酉年秋 趄石

것 아닌가. 우리 인생도 구름처럼 그렇게 정처 없이 떠돌다 한순간 사라진다는 그런 무상함에서 나온 말이 아닐까?

사람이 세상에 나오기까지는 불교적으로 본다면 수백 세의 선근(善根)의 인연(因緣)이 쌓여야 가능하다고 본다. 부처님도 왕자의 자리를 버리고 부귀와 영화도 버렸다. 그리고 6년이라는 긴 시간을 고행했지만 그것으로 부처가 되지 않았다. 과거 설산에서 나찰(羅利)에게 구법망구(求法亡軀)의 정신으로 몸을 던지는 500세의 선근 인연이 있어 부처가 될 수 있었다.

그러므로 어렵게 세상에 나왔으니 세상살이가 때론 힘들다 할지라도 다행하게 받아들이고 세상을 살다보면 즐거운 일도 잠깐이고 고단한 삶이 많다고 해야 한다. 그런 고단한 삶도 이 세상에 나와 똑같은 사람은 나 혼자인 만큼 자긍심을 가지고 바람이 그물에 걸리지 않는 것처럼 거리낌이나 근심 없이 세상을 살아야 하지 않을까?

인간은 어쩌면 태어날 때부터 욕심이 많았는지 모른다. 세상에 태어나 백 일이 되면 아기의 미래 행복을 기대하는 마음에서 백일잔치를 여는데, 아이의 부모가 아이에게 명과 복을 가늠하는 실과 돈 등을 놓고는 그것을 아이에게 가리키도록 한다. 이때 아이가 무언가를 가리킨다. 바로 이것이 인간은 태어날 때부터 욕심을 가지고 나온다고 본다.

만약 아이가 욕심이 없다면 고개를 흔들거나 손을 가리키지 않아야 함에도 그런 모습은 거의 없다. 이렇듯 인간은 욕심으로 가득한데 그 욕심이 바로 부귀와 영화, 권력 등이다. 부귀와 영화, 권력이 잠깐일 수도 있고, 몇 달 몇 년 나아가 몇 십 년일 수도 있지만 지나고 보면 봄날의 꿈 같이 짧다.

홍하고 망하는 것 또한 기러기가 날아왔다가 훌쩍 가버린 것 같은 그런 것이다. 날아간 기러기는 아무런 흔적도 남기지 않는다. 그저 무상하고 허무할 뿐이다. 기러기란 철새로서 스스로 생존을 위해 계절을 따라 오고 갈 뿐이다. 어쩌면 우리 인생도 철새처럼 그렇게 왔다가 그렇게 가는 것이 아닐까?

예전 중국의 순치황제(順治 청의 3대 황제)가 출가를 했다. 그가 출가시를 남겼는데 "세속에서 백 년을 산다 한들 승가에서 반나절 쉼만 못하다." (百年三萬六千日 不及僧家半日閑) 했다. 요즘같이 물질만능시대에 정신은 놓은 채 취하고 보고, 이기고 보고, 누리고 보자는 잘못된 이기심에 좋은 교훈이 되리라 생각한다. 🔔

수행자(修行者)

수행자망속구진 修行者忘俗求眞
영려백운심각인 嶺侶白雲尋覺人
일동걸찬명입정 日東乞餐暝入定
약무생사불행인 若無生死不行因

수행자는 세속을 잊고 진리를 구한다.
영마루 흰 구름을 벗 삼아 깨달은 사람을 탐방하고
동녘에 해가 뜨면 밥을 빌고 날이 저물면 선정(禪定)에 든다.
만약 나고 죽음이 없다면 닦을 이유가 없으리라.

오늘의 인간은 물질문명이 홍수를 이루는 시대를 산다. 물질풍요가
우리에게 배를 불려줄 순 있어도 인간만이 가지고 있는 고유한 정신영
역이 물질풍요만큼 발전한다고 볼 수 없다. 오히려 물질영역이 풍부한
만큼 정신의 영역은 퇴화할 수 있다.

修行者忘俗形真嶺侶白雲尋覓人
日東乞餐興入定若無生死不行因
丙申年夏一波挺書

34

예로부터 현금에 이르기까지 인간은 늘 자신에게 미흡하다. 이 말은 자신을 알지 못하면서 자신과 더불어 산다. 불교에서는 현재를 중요시 여긴다. 과거는 지나가 버렸고 미래는 아직 오지 않았다. 그러므로 현재는 진행형, 이때를 놓치면 후회해도 다시 돌이킬 수가 없다. 그것은 한번 흘러간 물이 되돌아 올 수 없고 지나간 세월 또한 다시 되돌릴 수 없는 것과 같은 것이다.

그러해서 이왕 어렵다는 사람의 몸을 받았다면 '나는 어디서 왔는가? 또한 어디로 가는가?'라는 것을 알고 가야 하지 않을까? 그렇게 될 때 후회가 적으리라. 어려서는 세상을 모르고 성장하고 성장한 후는 세상이 영원한 줄만 여기는 착각에 빠져든다. 그러므로 인생의 오르막 내리막을 알고서야 비로소 자신을 되돌아보게 되는데 이때는 이미 늦다.

과거 중국 오대산에 문수보살이 출현한다는 성지에 무착(無着)스님이 문수보살을 친견하기 위해 기도를 하다 어느 날 허공에서 문수보살의 법문을 듣게 된다. "만약 어떤 사람이 잠시라도 고요히 앉아 선정(禪定)에 들면 저 인도 땅 항하사(恒河沙, 갠지스 강의 모래)만큼 칠보 탑을 세우는 것보다 더 수승하다. 보탑은 부서져 티끌이 되지만 한 생각 바른 마음은 정각을 이룬다." 했다. 이렇듯 한 생각 고요한 마음으로 자신을 되돌아보는 이것이 얼마나 중요하고 가치 있는 것인가를 잘 보여준다고 하겠다.

오늘 우리들은 무엇이 나를 끌고 가며, 무엇이 나를 집착하게 하는가? 물질에 집착하고 명예에 집착하고 권력에 집착하고 … 그 무엇도 나를 만족하게 할 순 없다. 진정 나를 만족하게 할 수 있는 것은 내 마음에 있고 내 마음에서 인정할 때 가능한 것이다.

이 만족을 위해 세속의 온갖 유혹을 떨쳐버린 자가 바로 수행자다. 만약 수행의 길에 들어선 사람이 세속을 잊지 못한다면 그가 가는 길은 마치 모래를 쪄서 밥을 짓는 것과 같은 아무런 가치가 없어 세월만 죽이게 되어 이것이야말로 육도윤회(六道輪回, 지옥 아귀 축생 천상 인간 아수라)를 벗어나지 못할 뿐 아니라 자칫 "앞길이 캄캄해서 어디로 가야할지 모른다."(前路茫茫未知可往)

그러므로 우리에게 나고 죽는 고통이 없다면 닦을 일도 없을 것이다. 예전 불교신문 모 기자가 고승들을 참방해서 안수정등(岸樹井藤)에 대해 물었다. 안수정등이란, '언덕의 나무요, 우물에 칡넝쿨'로서 불설비유경(佛說比喩經)에 인생을 비유한 부처님 말씀이다.

월래 관음사에 기자가 도착해서 향곡(香谷)스님을 친견했다. 당시 향곡스님은 묘관음사의 선원 조실스님으로 남방도인으로 알려졌었다. 기자의 물음에, 크고 당찬 몸을 가지셨던 분이 "아이고! 아이고!"라는 쓴 감탄사로 물음에 대신하였다. 조실스님은 평생 수행자로 선방 조실까지 하고 계시는 분이 기자의 질문에 왜 그렇게 대답했을까를 생각해 보면 답은 간단하다. 우리들 인생살이가 얼마나 괴로운데 그것을 말로 이러쿵저러쿵 다 설명한다면 해가 져도 다 못할 것이다. 그러니 도인답게 간단명료한 답을 내리신 것이다.

　인생이란 그렇다. 살아도 다 알 수 없고 죽어 봐도 다 알 수 없는 것이 인생이 아닌가 한다. 덧붙이자면 아직 그 어떤 사람도 "나 전생에 누구요"라고 하는 말 들어보지 못했다. 종교적 설화는 많이 있지만 그것은 종교적일 뿐이다. 그렇다고 차생을 없다거나 무시하는 것은 절대 아니다. 달리 말하면 그만큼 자신을 깨달은 사람이 적다는 뜻이다. 🏛

청산에 한가한 소식 알까

청산신우록창은 靑山新雨錄蒼殷

교승청풍송돌안 皎乘淸風松突顔

원근개청곽공려 遠近皆聽郭公唳

행자정처득지한 行者定處得知閑

청산에 새 비 내리니 푸름 더하고

달빛은 맑은 바람을 타고 솔 사이로 얼굴을 내미는데

멀리 가까이 들려오는 뻐꾸기 우는 소리

삼매(三昧)에 든 수행자 한가한 소식 알까

이른 새벽에 일어나 날이 샘을 알리기 위해 목탁을 울리며 도량을 한 바퀴 돈다. 이것은 단순히 산새나 산짐승을 깨우고 고요한 정적을 깨트리는 정도로만 여겨서는 안 된다. 해가 뜨기 전 이미 날은 어둠으로부터 점차 밝아진다. 자연의 순리가 시작되고 삼천대천세계가 문이 열리는

青山新雨綠苔殷破乘清風松笑顏
遠近皆聽郭公喚行者定慮浮知閑

一波堤石

것이다.

해가 뜨기 전 청산의 모습은 푸름보다는 짙은 회색빛을 띤다. 그러나 도량석이 끝나고 부처님께 예불을 올리고 나면 점차 푸른 옷을 입은 청산의 모습이 드러난다. 이럴 때 비가 내리고 나면 그 빛깔은 더욱 청초하고 짙게 드러난다.

여기에 달빛이 맑은 바람에 실려 솔가지 사이로 얼굴을 내밀고, 멀리 가까이 들려오는 뻐꾸기 소리는 청산에 머무는 사람이 아니고서야 느낄 수 없는 그야말로 장관이 된다.

날이 흐려도 날이 쾌청해도 서로가 싫지 않은 듯 들려오는 뻐꾹새(郭公) 울음은 수행인으로는 더할 나위 없는 벗이 되어 하나로 동화된다. 중국 남방에는 원숭이가 많이 산다. 산에 사는 사람들은 이따금 들려오는 원숭이의 긴 휘파람 소리를 듣지만(猿召長音遠近皆聽) 우리나라에는 산에 원숭이가 없다. 대신 뻐꾸기가 뻐꾹 뻐꾹 하며 날이 새도록 그토록 울어도 탁음은 없다. 그 소리가 얼마나 맑고 편안함을 주는지 그 순간이야말로 무위자연(無爲自然) 그대로가 아닐까?

이럴 때 산간에서 세속을 멀리하고 정처(三昧)에 든 수행자는 문득 경계와 분별이 끊어진 한(閑)가한 소식을 얻게 된다. 이것이야말로 별유천지비인간(別有天地非人間), "달리 하늘땅이 있으니 인간이 사는 세상이 아니다"(李白의 詩) 하는 생각에 젖어든다.

멀리 보고 크게 보면 인간 따로 자연 따로는 아니다. 인간 세상이 그대로 자연 세상이고 자연 세상이 인간 세상이다. 하지만 현실적으로 다르게 살아가고 있다. 다르게 산다는 것은 인간이 자연에 순응하기보다는 자연을 거스르며 살기 때문이다.

인간이 태어나는 것은 자연의 순환법칙이요, 가는 것도 그와 같은데 인간의 지능이 발달하면서 자연에 순응하기보다는 자연을 이기려 든다.

보라, 인간의 이기가 자연의 순리를 멈추게 하는 것이 얼마나 많은지. 산을 자르고 물길을 막고 그래도 모자라 자연을 파괴하여 얻은 결과물로 화학 반응을 일으키게 하고 나아가 인자력 발전소 등을 만들었다. 이러한 모든 행위가 인간의 보편적 이익을 위해서라 말할 수는 있어도 그것은 지극히 인간 중심의 판단일 뿐이다.

과연 그렇게 판단하고 그렇게 하는 행위가 인간에게 행복한가를 묻는다면 일시적 행복은 얻을 수 있겠지만 영원한 행복은 아니다. 모두가 알다시피 지구의 운명이 어떻게 변할 것인지 언제쯤 갈 수 있는지는 오직 인간 스스로에게 달렸다고 할 수 있다. 한번 파괴된 자연은 다시 회복하기가 어렵다.

나는 단언하지만 인간의 행복은 물질 추구도 아니요, 물질풍요도 아니다. 만약 오늘처럼 물질 위주만이 행복한 삶이라면 예전 사람들은 모두가 불행했고 모두가 제 명에 살지 못했을 것이다.

그래서 한번 물든 색은 원상회복이 어려운 것과 같아서 오늘 우리들이 느끼는 편이성과 공해물질의 하나인 핸드폰만 보더라도 다수의 국민이 인생의 보조 장치 이상으로 사용하는 것을 없애고 살라 한다면 쉽지 않을 것이다. 마치 단 맛을 모르고 살다가 단 맛을 알았을 때 그것을 멀리하기 어려운 것과 같은 것이다. 🐚

*정처(定處) 정이 주어로서 고요함, 三摩提 samachi
*삼매(三昧) 정신의 순수집중으로 일체의 경계가 끊어진 고요한 상태
*무위자연, 자연에 계합한 상태(노자의 사상)

납자의 본분(衲子本分)

가일유구미석미 可一唯求未釋謎

회회역견불심계 回回亦見不心契

기행기처도난식 幾行幾處都難識

지불참승주적서 只不慚僧住適逝

구함은 오직 하나 수수께끼 풀지 못하니

돌이켜 생각해도 마음에 부합하지 못해

어디를 가야 하고 머물지도 몰라

다만 중으로 부끄럽지 않게 살다 가기를.

납자란 수행승을 말한다. 수행승의 본분사라면 생사대사(生死大事)를 해결하는 일이다. 생사대사란 '나고 죽는 일'로 이 문제를 해결한다는 것이니 곧 깨달음이다. 스님들이 이른 새벽에 일어나 부처님께 예불하고 밥 먹고 참선하고 경을 보고 운력(運力) 하는 이런 모든 일상이 깨달음이

本分衲子

一波揚思乃玉

可一唯求未釋謎回回二見不心契
幾行幾處都難識只不勉僧任適逝

라는 목적을 향한 행위고 방편이다.

화엄경 입법계품에 '선재동자 구도기'가 나온다. 문수보살은 선재동자의 구도행을 통해 보살도(菩薩道)를 실천하려는 것을 알 수 있다. 선재동자(善哉童子)는 문수보살(文殊, 지혜를 상징하는 보살)의 가르침을 받아 먼저 공덕운 비구(比丘, 250계를 받은 독신 승려)를 만나고, 나아가 의사·부잣집 장자 등 53선지식(善知識)을 만나게 되는데, 그 중에는 수행자와 어울리지 않는 창녀도 만난다. 마지막으로 미륵보살을 만나게 되는데 미륵보살이 손가락으로 선재동자의 이마를 한 번 퉁기니 선재동자가 여간 닦고 경험한 것들이 순간 사라지게 된다. 그리고 처음으로 돌아가 문수보살을 찾아가 구도의 마침표를 찍고 문수보살의 가르침을 받아 보현보살(普賢菩薩, 행을 상징하는 보살)의 도량에 들어가 보현행원(普賢行願)을 실행한다.

수행하는 납자는 깨달음을 향한 여정이지만 깨닫는다고 다 끝난 것은 아니다. 깨달았으면 그것을 회향해야 하는데 선재동자가 지혜의 상징인 문수보살에게 인가(認可)를 받고 보현도량에 들어가 보현행원을 하는 것이 깨달음의 회향(回向)이다. 즉 상구보리하화중생(上求菩提下化衆生)을 실천하는 것이다. 이것이 수행자의 궁극인 것이다.

막상 세상물정 모르는 어린 나이에 출가를 해서 구도의 선상에 들어섰지만 선재동자가 수많은 계층을 대하며 수많은 시행착오를 겪는 것처럼 생각하면 미진하고 부끄러운 순간들이 겹겹이 쌓이게 된다. 때론 풀기 어려운 수수께끼처럼 다가와 마음을 아프게 한다.

길을 찾아 길을 나서지만 어디쯤 가고 어디쯤 머물고 있는지 사량(思量)하지 못해 번민하고 괴로워한다. 그래도 나는 구도자라는 자긍심을 놓치고 싶지 않다. 비록 금생에 생사대사의 일을 마치지 못할지라도 중으로 납자의 분상에서 부끄럽지 않기를 바라는 마음 떨치지 않고 이 생을 마감한다면 수행의 문턱에 서 있는 나 자신이 다행스럽지 않을까 하는 생각을 한다.

어차피 인생이란 한정된 것, 누구도 이것을 피할 수 없다. 그러기에 어떻게 살 것인가? 무엇을 남길 수 있을까? 이것이 중요하다. 남긴다 하면 일반적 삶은 재물을 물려주고 권력이나 명예이겠지만 수행자는 세속적 삶은 모두 허망한 것으로 본다. 오직 열반(涅槃)을 바랄 뿐이다. 열반이란 모든 것이 연소된 상태를 말한다. 고요의 세계 적정(寂靜)으로 들어가는 것이다. 아무 거리낌 없는 무여열반(無餘涅槃)에 드는 것이다. 🝊

주리면 먹고 곤하면 잔다(飯飢睡困)

침침산무사 浸浸山無事
잠잠파월지 潛潛波月智
수언인불조 誰言印佛祖
반아수노식 飯餓睡勞識

침침한 산은 흥취가 없고
잠잠한 물결은 달을 띄운다.
누가 조사와 부처의 심인을 논하나
주리면 먹고 곤하면 자는 줄 알간.

내가 처음 절에 들어와서 많이 들었던 말이 "깨달음은 세수하다 코 만지는 것보다 쉽다"는 말이다. 과연 그럴까? 하는 물음표를 가지고 수 십 년이 지난 지금에 이르게 되었다. 선인의 글귀에 "도는 사람을 멀리 하지 않는데 사람이 도를 멀리 한다"는 생각이 난다. 어느 날 조주(趙州)

飯飢睡困
一波堤雲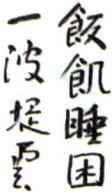

沸沸山無事
潺潺波月智
誰云印佛祖
飯餓睡勞識

선사가 스승인 남전(南泉)스님에게 "도란 무엇입니까?" 하니 남전스님께서 "평상심이 도니라"(平常心是道) 했다. 다만 도를 구하는 길에서 여러 가지 방편이 따를 뿐이다. 방편이란 근기에 따라 달라지는 것이다. 가령 목적지를 두고 길도 여러 가지가 있고 가는 방법도 여러 갈래가 따른다. 같은 물음에 어떤 선사는 주먹을 보이기도 하고 어떤 선사는 그 자리를 박차고 일어나기도 한다. 무엇이 옳고 무엇이 그르냐는 조계종 중흥조이신 태고보우국사의 어록에 "물을 마시다 보면 차고 따뜻함을 스스로 안다" 했다.

산이란 모든 사람들이 마음의 모태처럼 푸근함을 느끼는 곳이 아닐까? 산에 가면 푸르고 붉음을 넘어 표현할 수 없을 정도로 여러 빛깔이 인간의 마음을 훔치기도 하는 곳이라 생각한다. 산에서 해가 지면 어둠이라는 중압감에 두렵고 막막해져서 인간들은 하산을 한다. 그러한 순간을 보는 시인 묵객들은 '적막강산(寂寞江山)이니', '인적 끊어진 산사…', '나는 새 자취 끊어지고(千山鳥飛絶)' 등 정(靜)의 세계에 대해 아쉬움을 읊었다.

나의 시에 "침침한 산에는 흥취(興趣)가 없다"라고 말한 것은 산은 언제나 그 자리에 있기에 마음에 비유를 했고, 침침한 어둠은 번뇌다. 번뇌가 마음자리를 꽉 채우니 정신이 혼미할 뿐 무엇 하나 바로 보고 판단할 수 없게 된다는 말과 같다.

"잠잠한 물결은 달을 띄운다."라는 구절은, 물은 본질적이다. 출렁이는 물결은 바람이라는 작용에 의해 출렁인다. 여기서 바람은 번뇌. 번뇌가 없는 물결은 마치 고요한 마음과 같아서 지혜를 상징하는 달이 뜨게 된다.

불조심인(佛祖心印)이라면 '부처와 조사의 마음 도장'이라는 말로 부처님의 혜명(慧命)을 수제자 가섭(迦葉)이 이어서 서천(西天, 서역국 준말, 인도)의 28조사(祖師) 달마에 이르고, 그로부터 6조 혜능(慧能)에 이르는 혜명이다. 혜명은 부처와 조사가 마음에서 마음으로(以心傳心) 전해지는 지혜의 등불과 같은 것이다.

"누가 부처와 조사의 심인을 논하냐"는 것은 깨달음은 마치 물이 잠잠하면 달이 뜨는 것과 같다. 아직 스스로의 번뇌를 떨치지 못해서 달을 가리키면 달을 보아야 함에도 달을 보지 못하고 가리키는 손가락을 보는 것과 같이 깨닫지 못하고 작은 식견으로 본질을 흐리게 한다면 그러한 무리들은 선(禪)을 하지만 깨닫지 못하고 말로만 깨달음을 말하는 소위 구두선(口頭禪)에 빠져 허우적대는 무리라 할 것이다.

"주리면 먹고 곤하면 자는 줄 알간"은 처음 공부를 할 때면 모든 것이 다 경계가 된다. 마치 어린아이가 하나에서 열까지 모두 부모의 도움을 받는 것처럼 그렇다가 공부가 무르익어서 한 경지를 올라서 보면 행주좌와어묵동정(行住坐臥語默動靜)이 그대로 공부다. 그래서 견성(見性)한 도인의 일상이 그대로 법이 되는 것이라고 할 수 있다. 여기서 법은 도인의 일상생활이 그대로의 수행이라는 것이다.

　모 광고에도 나왔다. 스승이 화장실에 있고 어린 제자가 밖에서 화장지를 가지고 스승의 부름을 받고자 하는 장면이다. 바로 이러한 일상이 그대로 법이요, 도라 할 수 있다. 도라는 것이 하늘에서 내려온 것도 아니고 화성 같은 특별한 곳에서 만들어지는 것도 아니다. 누구나 공부하면 바로 얻을 수 있다. 이것이 이름 하여 깨달음이다. 🎐

경계가 없는 한가한 사람(無境閑人)

경계주무경 境界住無境
한중주탈홀 閑中住脫忽
문법문음견 聞法文音見
창해미타굴 滄海彌陀窟

경계에 처해도 경계가 되지 않고
한가함에 머물러도 그것마저 벗어나
들리는 것은 문수 법문이요 보이는 것은 관음이라
검푸른 바다가 아미타불 계신 곳이라네.

오늘같이 경계가 많은 때가 있었을까? 거리에 나가면 교통법규를
지켜야 하고, 사람을 대할 때 누가 먼저 고개를 숙이며 상대를 대해야
하는지, 이러한 모든 것은 인간들의 삶이 마치 그물망처럼 얽혀 있는
데 이 그물망에 걸리지 않고 빠지지도 않는 그런 삶이 하루 24시간 빼

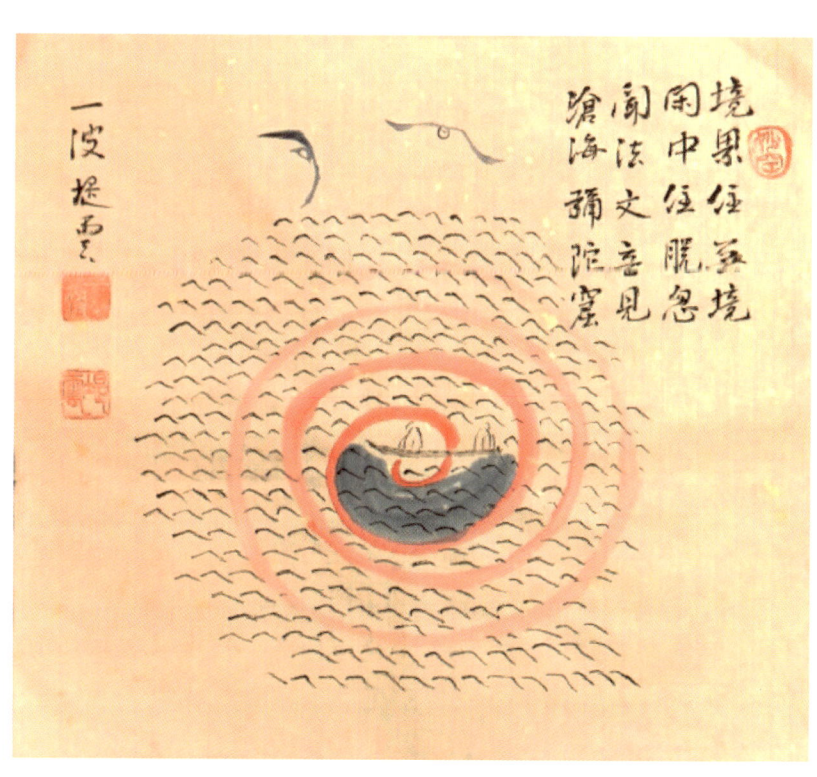

境界任莫境
閑中任脱忽
尋法丈音見
滄海彌陀窟

一波棍雨

53

곡하게 펼쳐져 있다. 그래서 경계는 현실이다. 이 현실을 부정할 수 없듯 이러한 경계(환경)에서 어떻게 살 것인가는 가끔이라도 돌아보며 살아야 한다.

"경계에 처해도 경계가 되지 않고"

경계란 수양하는 사람이 번뇌라는 벽을 허물기 위해 싸우고, 박문선지(博問先知)를 찾아 동가숙서가식 하는 이러한 모든 것이 일상이며 경계다. 어떤 어리석은 사람이 경계에 걸리지 않으려고 그 자리에 가만히 있으면 된다고 생각한다면 그는 움직이지 않으니 곧 죽음으로 직행하고 만다. 경계는 수양인이건 사회인이건 일상이다. 문제는 처한 경계에서 어떻게 경계에 빠지지 않느냐 이것이 중요한 일이 된다.

"한가함에 머물러도 그것마저 벗어나"

여기서 한이란 단순히 한가한 그런 한이 아니다. 보통의 경계를 이미 뛰어넘은 경지다. 문제는 그러한 경지마저 머물지 않고 벗어났으니 청산을 바라보면 눈에 청산이 가득해 만목청산(滿目靑山)일 뿐이지 가타부타가 있을 수 없다.

이런 현상을 굳이 표현하자면 검은 것이 오면 검은 대로 흰 것이 오면 흰 대로다. 청산이 아니라 가을 날 붉은 단풍이 눈에 들어오면 만목단풍(滿目丹楓)이 될 것이다. 이런 경지에 이르면 "산은 산이요, 물은 물이로다"가 될 것이다. 그야말로 경계를 뛰어넘은 한(閑)도인이요, 자유

54

인이다.

"들리는 것은 문수 법문이요 보이는 것은 관음이라"

이 말은 이미 경계에 부닥쳐도 경계에 끌리지 않고 초월했을 때 그것이 아름다운 새들의 울음소리든 중생의 고뇌에 찬 신음 소리든 바로 들을 수 있다. 그것이 바로 문수보살(文殊 지혜를 상징하는 보살)이 오대산에서 무착문희(無着文喜)스님에게 내린 법문(法門)과 같은 것이다. 나아가 보이는 모든 현상은 관세음보살(중생의 모든 고통소리를 듣고 구원해 주는 보살)이 된다.

"검푸른 바다가 아미타불 계신 곳이라네."

이 말은 눈 먼 맹인이 첨에는 한 발짝도 앞으로 나가지 못하다가 많은 시행착오를 겪은 후 내면의 심안(心眼)이 열리면서 크게 불편하지도 않고 남의 도움 없이도 스스로 가고 오는 것과 같은 것이다. 그러하니 서방정토가 어디에 있으며, 지옥인들 또한 어디에 있겠는가? 서 있는 그 자리가 정토요, 예토와 정토가 다르지 않으니 처처불상(處處佛像)이요 사사불공(事事佛供)이 아니겠는가?

그러므로 일마다 하나하나 그것을 타파해서 결과를 기다리는 사람은 마치 수 십만 권의 책을 다 읽어서만이 지식이 가득하고 인생을 승리할 수 있다는 생각에 빠져 있는 사람과도 같다. 물론 양서를 많이 읽어서 나

뺄 건 없지만 그것이 전부라는 생각을 하는 순간 그는 소인배를 벗어나지 못하는 어리석은 사람이다.

마치 산 아래에서 산 전체를 볼 순 없지만 산등성에 올라서면 전부를 볼 수 있는 것과 같은 것이다. 이것이 바로 경계에 처해도 경계에 머물지 않는 한가한 소식이 될 것이다. 🪶

수행의 기쁨(行者怡悅)

산계세아족 山谿洗我足
관아산신욕 觀嶽山心浴
세욕허무이 世慾虛無二
자이흔탈속 自怡欣脫束

산 개울에 발 담그고
큰 산 바라보며 마음을 씻는다.
세상 욕망 부질없기 짝이 없으니
속박을 벗어난 대자유인이여

인간이란 지극히 외로움을 타는 동물이다. 외로움을 탈 수밖에 없는
이유 중에 하나가 지능이 있기 때문이다. 지능은 모든 동식물에 다 있다
고 할 수 있지만 적어도 현금의 지구상에는 오직 인간만이 가장 수승하
다 할 수 있을 것이다.

山谿洗我足 觀嶽山心浴
去慾塵无二 自怡欣脫束
一波挺而玉

인간은 이 지능 때문에 스스로 자존감을 알고, 어떤 행위에 있어 어리석었음을 알고, 또한 스스로 부족함을 알 수 있다. 그러한 지능이 모든 사물과 경계에 접하면서 분별(分別)하게 되니 이러한 분별이 스스로를 자학하고 스스로를 무너뜨리게 된다.

인간은 하나를 알고 둘을 알고 셋을 넘어섬까지를 안다면 하등 동물은 하나만 안다고 할 수 있다. 물론 다 그런 건 아니다. 영리한 개 등은 어느 정도의 지능을 갖추어 하나 둘 정도 알지만 대개는 현재 상황에서 판단하기 때문에 형이하학(形以下學)의 틀을 벗어나지 못한다. 문제는 이러한 고도의 지능에 스스로 부합하지 못할 때 마치 간질을 앓는 사람처럼 발작증세를 보이는 것이 인간이다.

이러한 것이 표출될 때는 사람들을 대할 때 공격적이거나, 또는 스스로의 관념에서 벗어나지 못해 우울증에 빠지기도 한다. 이것이 하등동물에서는 지극히 보기 어려운 자살의 동기로 드러난다.

오늘 우리 사회가 보편을 추구하는 것이 일반적이라면 수행자는 역설적(逆說的) 삶을 통해 자기를 만족케 한다 할 수 있다. 이러한 행동이 만능도 아니고 만사도 될 수 없지만, 이런 과정들을 통해 자기를 찾아간다고 볼 수 있다.

예전에는 출가수행자가 참선(參禪)을 하든 경학(經學)을 하든 잠시 쉴 때면 으레히 차를 마시는데, 주로 작설차(雀舌茶 잎이 참새 혓바닥처럼 생김)

등을 마셨다면, 오늘의 수행자는 참선하는 선방에서 방선(放禪 잠시 쉬는 시간) 시간이면 핸드드립의 원두커피를 즐긴다는 것이다.

수행자의 삶이 세속과 다름은 명예와 부를 추구하는 것이 아니라 자신을 살펴 완전한 인간의 삶을 추구한다 할 수 있다. 이러한 과정에서 단순히 개울에 발을 담그는 것이 아니라 마음을 담근다 할 수 있다. 산을 보는 것도 단순히 산이 보이니 바라보는 것이 아니라, 산이 가지고 있는 부동(不動)의 모습에서 마음을 달랜다 할 수 있다.

그러한 생각들이 세상의 온갖 욕망들이 모두 부질없음을 알게 해서 그 무엇에도 걸리지 않는 마치 바람에 구름처럼 대자유인의 희열(喜悅, ecstasy)을 느끼는 것이 아닐까? 그래서 수행자의 본분이나 궁극은 해탈이요 열반(涅槃)이 된다. 부처님이 설한 열반경에 보면 "진정한 해탈은 곧 여래(如來)로서 그 본성 청정이니 여래와 해탈(범어 vimoksa)은 같은 것이다" 또 "진정한 해탈은 안정 그것이다. 진정한 해탈은 짝이 없다. 진정한 해탈은 근심과 두려움이 없다. 진정한 해탈은 파탄이 없다. 진정한 해탈은 핍박도 없고 생사유전도 없다. 진정한 해탈은 불가사의하고 무한 그 자체다" 했다.

이런 말을 하면 세상이 왠지 불공평하고 세속 사람은 모든 걸 잃는 느낌이 들 수 있다. 하지만 부처님의 말씀은 출가 수행자만을 위한 것이 아니다. "누구나 나와 같이 하면 나와 같이 될 수 있다" 하였듯 우리들 삶

60

에 주어진 환경에서 바른 마음 바른 행을 일러줄 뿐이다.

부처님께서는 중생들의 궁극적 목적이 열반이라면 그 열반을 향해 목적지에 이를 수 있도록 고구정녕 설한 법문이 사성제(四聖諦, 네 가지의 성스러운 진리, '苦集滅道'를 일컬음)·팔정도(八正道)이다. 🔔

참 도인(眞道人)

서정진도인 捿靜眞道人
불사망구진 不捨妄求眞
투득순역경 透得順逆境
기비청정신 豈非淸淨身

고요한 경지에 머무는 참 도인
망상을 없애려거나 진리를 구하려 하지 않는다.
순역의 경계 모두 뛰어넘으니
어찌 청정한 몸(法身)이 아니겠는가.

고요한 경지란 그저 아무 소리도 들리지 않는 것을 말하지 않는다. 어떤 환경에 처해도 그 환경에 끌려가지 않는다는 말이다. 중국 당나라 때 현랑선사(玄郎禪師, 673-754)와 영가대사(永嘉大師, -712)가 있었다. 두 스님 모두 천태종에 속하였으며 지관법(止觀法)으로 수행을 하였다. 그런 관계

棲靜真道人　不捨妄求真
透得順逆境　豈非清淨身

고요한경지에머무는참도인 망상을 없애려거나
진리를 구하려 하지않네 순역의 경계 모두 뛰어
넘어 어찌 청정한 몸(法身)이 아니겠는가

로 해서 친분이 있었고, 영가대사가 선참(先參)으로 이미 한소식을 얻어 시중에 머물며 포교를 하며 지냈는데 이때 현랑선사는 무주좌계산(婺州左溪山)에서 수행을 하고 있었다. 현랑선사는 출가는 동진으로 하였지만 기골이 뛰어나서 잠시 성(城)에 머물며 무관 벼슬을 하다 다시 좌계산에 들어 수행을 하다가 한때 같이 천태지관을 하다 헤어진 영가스님이 생각이났다. 들어 알고 있기로는 도심에서 머문다는 소식에 그것은 수행자가 제대로 사는 것이 아니라는 판단을 해서 영가스님에게 편지를 썼다. 내용은 그렇게 번잡하고 시끄러운 곳에서 무슨 수행이 되겠느냐. 그러니 이곳에 와서 함께 지내면 어떻겠느냐? 하는 내용이다.

"영계(靈溪)에 이른 뒤부터 마음이 태연하여 높고 낮은 봉우리에 주장자 짚으며 노니는데 움푹움푹 파인 바위에 먼지를 쓸고 편히 정좌하노라면 푸른 소나무 파란 연못에 밝은 달이 드러나고 바람이 구름을 쓸 때면 천리 밖이 눈 안에 들어오고 이름난 꽃과 향기로운 과일을 벌과 새가 물어오고 원숭이의 긴 휘파람 멀리 가까이도 다 들을 수 있으며 호미자루로 베개를 삼고 가는 풀로 만든 요를 깔고 생활하는데, 세상은 험악하여 서로 다투니 마음을 통달치 못함이 바야흐로 이와 같으니 시간이 있으면 한 번 방문해 주길 바랍니다."

이런 편지를 영가스님이 받고는 곧장 현랑스님을 향해 답서를 써 보내게 된다.

"현랑스님 도체(道體)는 어떠하십니까? 법미(法味)가 정신을 도와 응당히 맑고 즐겁게 지낼 줄 알며, 또 그렇게 사는 것이 절개와 지조를 갖추었으며 마땅히 수행자라면 그렇게 사는 것이 옳은 일이 아니겠느냐…"

특히 도심이 동(動)이라면 산골짜기는 정(靜)이라는 표현으로 동과 정이 다르지 않음을 많이 강조하였고…

이러므로 "먼저 모름지기 도를 알고, 산에 거할 것이니, 만약 도를 알지 못하고 먼저 산에 거하는 자는 다만 그 산만을 볼 것이니 반드시 그 도를 잊을 것이요 만약 산에 머물지 않더라도 먼저 그 도를 아는 자는 그 도만을 먼저 볼 것이요 반드시 그 산을 잊을 것이다.

산은 잊으면 도의 성체(性體)가 신심(神心)을 부드럽게 하고, 도를 잊으면 산의 형상이 눈을 어지럽게 할 것이다. 이러기에 도를 보고 산을 잊는 자는 인세(人世)라도 고요하고, 산을 보고 도를 잊는 자는 산중이라도 곧 시끄러울 것이다.…"

위의 현랑스님에 대한 영가스님의 답서대로 고요함 그 자체에 진실로 고요함이 있는 것은 아니다. 스스로 자각(自覺)해서 고요한 경지와 시끄러운 경지가 둘이 아닐 때 무엇을 버리고 무엇을 취하려 들지 않는 것이다.

그러므로 순의 경지든 역의 경지든 다 뛰어넘어 마음에 미워하고 좋아하고 취하고 버림(憎愛取捨)이 없어야 한다. 그럴 때 "산은 산이요 물은 물이로다"로 볼 수 있다. 즉 푸른 것은 푸르고 붉은 것은 붉게 제대로 볼 수 있게 된다. 이러한 경지를 일찍이 소동파가 남긴 시에 "개울물 소리가 문득 부처님의 팔만장경의 말씀이요, 산 빛이 어찌 청정신이 아니겠나?…"(溪聲便是長廣舌 山色豈非淸淨身…) 🔔

* 소동파(蘇東坡). 1037~1101, 중국 북송 시대 시인이자, 불교신자.

생사에 대하여(生死)

문여하시고생사 問如何是苦生死
불생불멸무생사 不生不滅無生死
생사여부운본공 生死如浮雲本空
단유업연회생사 但由業緣廻生死

무엇이 나고 죽는 괴로움인가
남이 없으니 죽음도 없고 생사가 있을까 보냐
나고 죽음이란 뜬 구름 같아 본시 공하다
다만 업연으로 나고 죽음을 반복한다네.

스님들에게 물었다. "왜 입산수도하십니까?" 하니 스님이 대답하길
"생사의 문제를 해결하기 위함이요" 한다. 여기서 생사란 나고 죽는다는
말이다. 나고 죽는다는 것이 별스럽다고는 할 수는 없다. 문제는 나고 죽
음에 따른 고통을 벗어나기 위함이라는 말이 보다 적극적인 답이 될 것

問如何是菩生死
不生不滅
無生死
生死如浮
雲本空
但有業緣
廻生死

一波堤丙玄

이다.

중생은 업(業)으로 말미암아 끝없는 윤회를 한다. 수양을 하고 도를 성취하는 것은 곧 깨달음이고 이 깨달음이 생사의 윤회로부터 벗어나는 길이라 할 수 있다.

이러한 생사, 나고 죽음이라는 것이 본시 공(空)하다는 것이다. 공이라는 것은 근원적인 것으로서, 나고 죽는 것은 중생세계의 현상일 뿐 근원적으로 나고 죽음이라는 것이 없다. 나는 것도 공에서 비롯하고, 돌아가는 것 또한 공이다. 이것을 비유하자면 파도라는 것이 실체가 없는 것과 같은 것이다. 파도는 바람이 불어 만들어졌지만 그 근원은 물이라는 것이다. 물 또한 실체가 없다. 증발하면 아무것도 남는 것이 없다. 생사도 마치 이와 같아서 반야심경에 나오는 불생불멸불구부정(不生不滅不垢不淨)하다는 이 대목이 적절하다 할 것이다.

그러므로 불교에서는 성주괴공(成住壞空)과 생주이멸(生住異滅)을 말한다. 성주괴공이란 물질적 세계로 이루어지고 머물고 하다 점차 무너져 공으로 돌아간다는 것이고, 생주이멸은 정신작용으로 의식이 일어날 때가 생이라면 의식이 잠시 자리를 잡는 순간이 주가 되고 의식이 소용돌이치는(변화) 때가 이가 되고 의식이 일어난 그 자리로 다시 돌아가는 때를 멸이라 한다.

이것을 멸(滅)이다 하면 완전히 없어진 것이지만, 이것은 없어지는 것이 아니라 공으로 돌아가는 것이다.

우리가 사는 것이 영원하다고 여기며 살다가 임종(臨終)에 다다라 영원하지 않다는 것을 알게 된다. 인간의 일생을 우주적으로 보면 너무도 짧아서 찰나 같다고 할 수 있다. 역으로 추산하면 우주의 일 겁(一劫)이 선녀가 천 년에 한 번씩 지상에 내려와 옷깃으로 한 번 쓸고 가기를 반복해 바위가 모래알만큼 작아질 때가 일 겁이라 한다. 다소 추상적인 면이 있긴 하지만 오늘 우리가 쓰는 빛의 속도(光年)을 생각하면 이해가 가게 된다.

그러므로 업을 소멸해서 나고 죽음이 없는(不生不滅) 것이 수양인의 최종 목적지가 될 것이다.

나의 시에 삶과 죽음을 뜬 구름에 비유했는데 삶과 죽음뿐 아니라 희노애락 부귀빈천 등 모든 것이 마치 실체 없는 허공의 구름 같은지도 모른다. 구름이 어떻게 만들어지고 어떻게 사라지는지는 설명하지 않아도 잘 아는 사실이다.

금강경(金剛經)에 "무릇 있는바 모든 형체는 허망하다. 만약 형상을 보되 영원하지 않음을 보면 곧 여래(如來, 부처)를 본다."(凡所有相皆是虛妄 若見諸相非相卽見如來) 했다.

어느 날 우주에 대한 이야기를 접하게 되었는데, 우주가 야구장정도 크기라면 우리가 사는 지구는 그곳에 모래알만한 크기에 지나지 않는다는 것이다. 이것은 공간적이지만 시간도 마찬가지다. 우주적으로 보면 인간의 수명은 너무도 짧다. 마치 키 큰 거인이 내려다보는 가운데 키가 작은 난쟁이 둘이서 서로 키가 크다고 우기는 꼴과 같은 것이다.

  그러므로 우리들이 어떻게 살 것인가를 생각한다면 보다 대승적(大乘的) 삶을 살아야 하지 않을까를 생각한다. 대승적이란 나 혼자가 아니라 함께하는 것이다. 가령 도를 구하고 혼자만 깨달으면 된다는 생각보다 비록 깨닫지 못했더라도 그들과 함께 가는 것이 대승적이다. ▨

오직 해탈을 구할 뿐(唯求得解脫)

송하입선정 松下入禪定
휴사단활몰 休思斷活沒
유구득해탈 唯求得解脫
부주춘방헐 不住春芳歇

소나무 아래서 선정에 들다
생각을 쉬니 생사도 끊어져
오직 해탈을 구할 뿐
꽃이 피건 지건 관계치 않아

불교의 수행은 여러 종류가 있다. 대개는 참선(參禪)과 경학(經學) 그리고 염불을 들 수 있는데, 참선에 대하여는 스님들이 매일 축원하는 문구에 '참선자는 의단독로'(疑團獨露)라 한다. 의단독로란, 의심하고 또 의심해서 간화선(看話禪)의 화두(話頭)가 잡념에 섞이지 않고 뚜렷하다는 말이

松下入禪定
惟求浮解脫　休思斷活沒
不住喜芳歇

育求浮解脫一波堤雲

73

다. 화두를 들어 뚜렷하다는 것은 오매불망(寤寐不忘, 자나 깨나 화두가 성성함)을 말한다.

경학이란, 부처님이 49년 동안 설하신 말씀으로, 금강경·화엄경 등을 배워 익히는 것을 말한다. 이것 역시 스님들의 일상축원에 '간경자(看經者) 혜안통투(慧眼通透)'라 한다. 혜안통투란, 지혜의 안목이 열린다는 뜻으로 경을 열심히 외고 공부하다 보면 지혜의 안목을 얻을 수 있다는 말이다.

다음은 염불인데, 염불이란 부처님을 생각한다는 뜻으로 부처님의 말씀을 외면서 부처님을 생각하라는 뜻이지만 부처님이 설하신 경뿐만 아니라 조사어록(祖師語錄), 선시(禪詩), 게송(偈頌) 등으로 엮어져 있는 것을 적당한 운율로 읊는 것을 통칭한다.

이것 역시 스님들의 일상축원에 '염불자는 삼매현전(三昧)하라'는 뜻으로 읊는다. 삼매는 산스크리트어로 사마타samatha에서 나왔다. 사마타는 삼마지(三摩地), 정처(定處)라 하고 또는 끊어지다 등의 뜻이지만 보편적으로 받아들이기는, 일체의 흔들림이 없는 경지나 경계로서 선정(禪定)이라 한다. 선정이라는 글을 풀어보면 정신이 고요해서 세속의 망념이 붙지 않은 상태 정도로 이해하면 된다.

그러므로 불가에서는 '한 생각을 쉬라', '놓아버려라' 등의 말을 많이 쓴다. 한 생각을 일으키지 않은 그 상태를 청정한 자아(自我)로 보기 때문이다. 달리 말하면 한 생각 일으키면 곧 번뇌가 된다.

달마혈맥론에 "미혹하면 중생이요, 깨달으면 부처다"(迷即衆生悟即佛)라 했다. 또한 "바로 마음을 가리켜 스스로의 성품을 보고 깨달음을 이룬다"(直指人心見性成佛) 했다. 인간에 있어서 바른 정신 바른 지혜를 중요시해서 자신을 바로 보면 그 자리가 부처요, 자신을 바로 보지 못하면 미혹한 중생이라고 극단적으로 평하는 것이 바로 불교다.

이것이 불교가 가지고 있는 특징이라 할 수도 있다. 불교 공부를 어느 정도 하게 되면 불교란 깨달음의 종교라는 것을 알 수 있다. 물론 종교라는 큰 테두리에서는 기복的 신앙도 있고 비과학적 요소도 없지 않지만 본질로 들어가면 불교는 대단히 과학적이고, 인간중심주의라는 것을 알 수 있다.

이 시에서 내세우는 것은 '해탈'이다. 해탈을 달리 말하면 깨달음이다. 오직 처음도 끝도 깨달음이기에 가고, 머물고, 앉고, 눕고, 말하고 말하지 않고, 움직이고, 움직이지 않는(行住坐臥語默動靜) 이 모든 것이 다 깨달음을 향하고 있다. 그 깨달음의 선봉장이 바로 석가모니부처님이다. 그는 위대한 인간으로 우리에게 다가왔고 인간완성주의자라 할 수 있다.

그러한 수행자 분상에서는 봄날의 꽃이 피건 지건 개의치 않게 된다. 자칫 잘못 이해하면 세상을 너무 삭막하고 차갑게 사는 것으로 볼 수 있겠지만 그렇지 않다. 수행자에게 물어보라. 왜 어려운 수행을 하느냐? 수행하는 스님들의 입에서 주저 없이 나오는 말이 "생사대사 해결을 하기 위함이요"라고 할 것이다. 또한 달리 보자면 세속적 관심으로 일비일희(一悲一喜)에 빠지지 않겠다는 뜻도 된다. ∎

곤륜산에 언제 오를까(待頂崑崙)

삼간고옥문방번 三間古屋文房繁

문외해구삭삭번 門外海鷗數數翻

불영서창위질책 佛影書窓爲叱責

하시일소정곤륜 何時一笑頂崑崙

세 칸 고옥 문방(서재)은 꽉 차 있고

문밖 바다갈매기가 나를 반기네.

서창에는 부처님 그림자 아른대는데

어느 때 곤륜에 올라 한바탕 웃을까.

산천이 변했다고 하면 변했고 변하지 않았다면 변하지 않았다. 산은
봄, 여름, 가을, 겨울옷만 갈아입었으니 변한 것같기도 하고 안 변한 것
같기도 하고 언제나 그때 흐르는 물 지금도 흐르니 우리의 삶도 변한 것
같으면서도 변한 것이 없다고 본다.

三間古
屋文房
繁門外
海鷗數
數書窗
影翻佛
為此責
何時一
笑頂崑
崙

待頂崑
崙

埜民

어제의 삶이나 오늘의 삶이 뭐가 다른가? 때가 되면 밥 먹고 아프면 움츠리다가 좋아지면 으스대는 이 모든 것이 어찌 다르고 변한다고 할 수 있나? 부처님께서는 29살에 출가 득도하여 35세에 6년 고행을 마치는 확철대오(確徹大悟)를 한 후 열반에 드는 80까지 45년간을 중생을 위해 설법했지만 어느 날 한 말씀도 하지 않았다 했다. 생각하면 세상은 추상과 관념으로 이루어졌다는 생각을 지울 수 없다.

내가 현재 머무는 곳이 포항 바닷가 인근이다. 한 시절은 명성도 물질도 풍족했지만 지금은 비탈진 마을 인지리 세 칸 방을 얻어 글을 쓰고 그림을 그리며 생활한다. 오래된 집이라 3칸이지만 공간이 작다. 한 공간은 잠자고 쉬고, 한 공간은 공양간 용도며 한 공간은 문방(書齋)이다. 문방에는 빼곡히 책이 꽂혀 있지만 다 꽂을 수 없어 켜켜이 쌓고, 그래도 모자라 바닥 여기저기 널브러져 있는데다, 문방사우(文房四友)가 어지러이 나뒹구니 말이 서재지 어지럽고 혼란하기까지 하다.

어지럽고 혼란스러운 방에서 글 쓰고 작업하다 잠시 문밖에 나가면 바다갈매기가 머리위로 날아오르기도 한다. 꾸어~억 소리 내며 나르는 모습을 지켜보면 나에겐 기분전환이 된다.

가끔은 서재 창가로 부처님의 그림자가 드리운 듯함을 느끼는데 절이 아닌 마을에서 생활하는 나를 꾸짖기라도 하듯 해서 나는 마음을 다잡아 본다. 어쩌면 그런 모습이 수행자로서 나를 다잡는 계기라 여기면 편안하다. 일찍이 출가해서 금생을 쉬어가는 세상으로 여겼고, 세속적 삶은 버리겠다는 출가의 서원으로 오늘 하루도 보낸다.

　수행자의 본분은 깨달음이다. 머리를 깎은 것도 중요하지만 도업을 성취해야 한다. 도업을 성취하기 위해서는 부지런히 수행해야 한다. 요즘같이 온 산천이 세속적으로 찌든 때가 있을까? 달리 생각하면 혼탁하고 찌든 세상에 머리 깎고 침침한 잿빛 옷을 입고 청아하게만 살아도 다행한 삶으로 여길지는 몰라도 출가의 본래 모습은 깨달음에 있다. 깨달음을 구하지 않는 출가자가 있다면 마치 개 몸에 코끼리 가죽을 덮은 꼴이 될 것이다. 출가자는 반드시 깨달아야 하고 깨닫기 위해 어떻게 수행해야할지를 늘 생각해야 한다. 우리에게 주어진 삶은 잠깐이다. 이 잠깐의 시간 속에 출가의 공덕을 얻었다면 이 얼마나 다행한가? 그러니 부지런히 공부를 해서 자신을 제도하고 중생을 제도해야 하지 않겠는가?

　여기 한 게송을 옮겨 본다. "이 몸을 금생에 제도 받지 못하면 어느 생을 기다려 제도 받을 수 있으리오"(此身不向今生度 更待何生道此身) 했다. 스님들 염불할 때에 많이 쓰는 게송이다. 🪔

* 곤륜(崑崙. 淨土, 이상세계(수행자에겐 깨달음)

꽃을 드니 미소 짓다(拈花微笑)

가섭존화견답소 迦葉尊花見答笑

달마면벽고구년 達摩面壁故九年

신광입설유구법 神光立雪唯求法

육조임대시가연 六祖臨碓時可延

남악마전기판별 南嶽磨甎機判別

마조일갈지천건 馬祖一喝地天虔

이롱백장단비족 耳聾百丈斷非足

황벽설간경사면 黃蘗舌看驚巳眠

세존이 꽃을 드니 가섭이 미소 짓다

달마는 무슨 까닭에 구 년을 면벽했나

신광이 눈 위에 선 것은 오직 법을 구함이고

육조의 방아는 때를 보기 때문이다

남악이 기왓장 가는 것은 근기를 떠보는 것

迦葉尊花見答笑
達摩面壁坐九年
神光立雪唯求法
六祖臨碓時可延
南嶽磨甎機則別
馬祖一喝地天虛
耳聾百丈斷非足
黃檗舌看驚已眠
拈花微笑

戊戌新正 楚天

82

마조의 고함에 지옥천당이 공경하네
백장이 귀먹은 데는 부족함을 끊기 위함이고
황벽의 차는 혀에 잠자던 뱀도 놀라더라.

세존(世尊)께서 영취산(靈鷲山)에서 설법을 하다가 문득 꽃을 들어 보였다. 가섭(迦葉. 부처님의 법을 이은 수제자)이 미소로 답을 하였다. 이것이 그 유명한 영산회상 삼처전심(靈山會上三處傳心)의 하나다. 영산이란 영취산에서 부처님께서 설법하던 시절이다.

불교는 단순히 믿음만을 추구하는 종교가 아니다. 오직 자신을 깨닫는데 중점이 있다. 삼처전심 중 나머지는 다자탑(多子塔)이 있는 곳에서 설법을 하다가 자리를 나누어 앉은 것이고, 또 하나는 쌍림(雙林, .쿠시나가라)에서 열반에 들 때 수제자 가섭이 열반 소식을 듣고 허겁지겁 와서 부처님이 누워계시는 관 앞에서 슬피 울 때 부처님이 누운 관 속에서 두 발이 나온 데서 삼처전심은 성립하게 된다.

삼처전심은 선종(禪宗)에서 큰 의미로 자리매김 한다. 전심이란, 마음을 전한다는 뜻으로 마음이란 본시 형태도 없고 그 무엇으로도 잡을 수 없는 것이다. 이러한 마음에서 마음으로 전한다는 것은 한 종교의 성립과 가치에도 엄청난 일이 아닐 수 없다. 더군다나 불교라는 종교는 인본주의(人本主義)를 내세우는 데서는 더욱 그렇게 다가온다.

달마가 인도에서 그의 스승 반야다라존자의 뜻에 의해 중국을 가게 된다. 이것이 석교동점(釋敎東漸)이다. "석가모니의 가르침이 점차 동쪽으로 간다"는 뜻이다. 달마가 동인도에서 출발해서 먼저 양무제(梁武帝)를 만났다. 어떻게 중국에서 불법을 퍼뜨릴까를 생각했을 것이다. 그러나 그는 양무제의 손을 뿌리치고 홀연히 양자강을 넘어 소림굴로 들어가 9년이라는 시간을 벽을 향해 정진하게 된다. 이때 훗날 그의 제자가 되는 신광(神光)을 만나게 된다. 신광은 들리는 소문에 걸출한 인도의 고승이 굴에서 수행한다는데 어떤 분인가 알현을 해야겠다고 생각하고 달마를 찾았지만 달마는 미동도 하지 않은 채 그냥 무언으로 앉아 정진만 한다.

신광도 이에 질세라 눈이 허리둘레까지 내리는데 그냥 서서 밤을 보냈다가 날이 밝아도 달마가 자신을 대해주지 않으니 신광이 차고 있던 계도(戒刀)로 자신의 팔을 내려치니 붉은 피가 눈 위에 꽃처럼 피어났다. 그리고 그는 말한다. "나는 오직 불법을 구하려 할 뿐이다"라고 하자 그때 달마가 그를 대한다. 달마를 대한 신광은 "대사님 마음이 불안합니다" 하니 달마가 "너의 불안한 마음을 가져오라" 했다. 다시 신광이 달마에게 "마음을 찾지 못했습니다" 하니 달마가 법문(法門)하기를

외식제연(外息諸緣)
내심무천(內心無喘)
심여장벽(心如墻壁)
가이입도(可以入道)

밖으로 모든 영을 쉬고

안으로 헐떡대는 마음 없이

마음이 담벼락처럼 될 때

도에 들 수 있느니라.

　신광은 달마로부터 법을 인가 받아 혜가(慧可 487~593)라는 호를 받았다. 달마가 인도로부터는 28대 조사요, 중국으로는 초조(初祖)가 된다. 혜가는 이조(二祖)가 된다.

　달마가 하나의 꽃과 다섯 잎사귀로써 미정(迷情, 숭생)을 살지우니 눈이 내리는 밤을 이겨내고도 모자라 계도(戒刀)로 팔을 잘라 흰 눈을 붉게 물들인 혜가에게 심인(心印)을 전하였고, 그로부터 3조 승찬(僧璨) 4조 도신(道信) 5조 홍인(弘忍)을 거쳐 6조 혜능(慧能, 638~?)에 이르렀다. 이에 6조가 그물을 던지니 큰 대어(大魚) 두 마리가 걸렸는데 청원행사(靑原行思. ?~740)와 남악회양(南嶽懷讓, 677~744)이다. 남종선의 양대 산맥으로 불린다.

　하루는 남악이 6조를 찾았는데 6조가 말하길

　"어디서 왔는가?"

　"숭산(崇山)에서 왔습니다."

　"어떤 물건이 이렇게 왔는가?"

　이 말 한마디에 대꾸하지 못하다가 8년이라는 세월이 지나고 나서

　"설사 한 물건이라 해도 맞지 않습니다."(說似一物則不中) 이 한마디에

스승으로부터 인가를 받아 그의 후계자가 되었다.

　6조로부터 인가를 받은 남악회양이 기왓장을 갈아서 거울 만들기를 했던가? 드디어 거울을 완성했다. 그가 만든 거울에 마조도일(馬祖道一, 738-817)이 걸려들었다. 마조는 '범처럼 보고, 소처럼 걷는다.'(虎視牛行)는 대장부이다.

　그런 그가 형악(衡岳)의 전법원(傳法院)에서 참선을 하는데 하루는 남악이 찾아와서 그의 공부를 실험하려고

　"그대는 좌선을 해서 무얼 하려 하느냐?"

　"부처 되려 합니다."

　남악은 말없이 그냥 기와 한 장을 손에 들더니 갈기 시작했다. 이를 본 마조가 물었다

　"무엇을 하시렵니까?"

　"기와를 갈아서 거울을 만들려 하네."

　"기와를 간다고 거울이 됩니까?"

　"기와를 갈아서 거울이 될 수 없다면 좌선을 한들 부처가 되겠는가?"

　"그렇다면 어떻게 하면 좋겠습니까?"

　남악이 마조를 보면서 말하기를

　"사람이 수레를 몰고 갈 때 수레가 나가지 않는다면 수레를 치겠는가? 소를 치겠는가?"

　이 한마디에 마조가 크게 깨닫게 된다.

마조가 늘 쓰는 문구가 있으니 '이뭐꼬'(是甚麼)다. 이 한마디를 주로 호떡을 먹으며 많이 썼는데 시자 백장(百丈懷海, 720~814 마조의 제자)이 여느 때와 같이 호떡 그릇의 뚜껑을 열어 마조에게 권하는데 마조는 그럴 적마다 슬쩍 하나를 짚어들고 대중을 향해 "이뭐꼬" 하며 외쳤다. 백장이 처음엔 그 뜻을 알지 못하다가 3년이 지나고 나서 그 뜻을 알 수 있었다.

황벽이 백장에게 마조에 대한 것을 물었다

마조는 남악회양의 법을 이은 제자다. 백장은 마조의 법을 이었으며, 황벽은 백장의 법을 이었는데 하루는 황벽이 백장을 찾아와서 마조에 대해 알고 싶다고 하니 백장이 말하길

"마조가 상당(上堂, 법좌)을 하고 대중이 운집(雲集)하였는데 법문(法門)을 하기 전 잠시 말이 없었다. 그때 내가 법상 앞에서 예배를 하려고 방석을 걷으려 하던 차에 마조께서 설법(說法)을 하지 않고 바로 법상에서 내려왔다.

그런 일이 있은 후 다시 마조를 찾았는데 마조는 내가오는 것을 보고 선상 모서리에 있는 불자(拂子)를 일으켜 세워 보였다.

그때 내가 질문하기를 '이는 현실작용으로 건립하는 쪽입니까? 아니면 현실을 떠나 본분사로 가는 겁니까?'

그러자 마조가 불자를 선상 모서리에 걸어놓고 잠시 말이 없더니 문득 나에게 되묻기를

'그대가 앞으로 법문을 한다면 어떻게 사람들을 가르치려나?'

그 말을 들은 내가 마조가 했던 대로 불자를 일으켜 세웠더니 마조는 내가 질문했던 것과 똑같이 말하더군. '불자를 현실적인 건립 쪽으로 쓰려나? 아니면 모든 차별을 떠난 본분사(本分事) 쪽에서 사용하려나?'

나도 역시 불자를 선상 모서리에 걸어두었는데 마조가 대갈일성(大喝一聲)으로 할!(喝)을 하니 그때 내가 그 '할' 소리에 사흘이나 귀가 멀었다네."

그런 말을 들은 황벽이 놀라는 기색으로 토설(吐舌, 혀를 내 둘렀다.)을 했다. 백장도 가관이다. 홀로 조용히 지낼 일이지 왜 황벽에게 까 벌려 가지고 혀를 차게 하는지… 🖋

88

2부 세로(世路)

세상과 소통

역사의 수레 앞에

만목강산추월고 滿目江山秋月孤
정제적폐다신우 政除積弊多身于
사민진복기사토 事民眞伏幾斯土
금일역륜막급노 今日歷輪莫負奴

붉은 산이 눈에 가득한데 가을 달은 외롭다
정부의 적폐청산에 몸 사리는 사람 많고
국민을 받드는 진실한 공복이 얼마나 될까
역사의 수레에 짐 진 종은 되지 말아야.

타는 듯 붉은 산이 눈에 가득한데 가을 달은 외롭다. 가을 달이 외로
운 건 가을 하늘이 맑기 때문일까, 아님 가을 물이 깨끗해서일까? 이것
은 자연의 정치이며 느낌이다.

그보다도 우리의 삶으로 돌아와 보면 가을은 결실의 계절이자 한 해

满目红山殊有月
孤政除积弊多勇于
革民真伏几斯土
今日历轮莫真奴

丁丑仲秋
一玫堤 于

를 마무리해 가는 데서 나오는 아쉬움이 아닐까? 지난여름 땀 흘리며 앞으로만 나갔던 그런 일상을 가늠하기 때문인지도 모른다.

아직 겨울이 오지 않았지만 겨울은 동물들이 동면에 들어가듯 우리 인생도 다가오는 봄을 준비하기 위해 움츠리는 시간이라 본다. 그러기에 가을 달은 어느 계절보다 유난히 더 밝게 빛나는지도 모른다. 마치 추위에 애처롭게 매달린 고드름처럼 말이다.

붉게 물든 가을 산은 나그네의 마음을 훔칠 정도로 황홀하지만 쌀쌀한 바람에 옷깃을 여미는 만큼 허전함이 찾아들기도 하는 계절이다.

이 가을이 더욱 쓸쓸한 것은 사회적 변화이기 때문이기도 하다. 정부가 바뀌고 전직 대통령이 영어(囹圄)의 몸이 되어 있고 적폐청산이라는 깃발을 세우고 우군과 적군으로 서로가 서로를 감시하는 시대상이 이 가을을 더욱 쓸쓸하게 한다.

이 땅에 진실은 언제쯤 가능할까? 영원한 진실도 기대하기 어렵고 영원한 가면(假面)도 있을 순 없다. 공직자를 공복(公僕)이라 함은 국민에게 의무적으로 봉사해야 하는 뜻을 가지고 있다. 그들은 국민이 내는 세금으로 녹을 받아 살기 때문이다.

이 땅에 진실된 공직자가 얼마나 될까 그것을 알기에는 가면 속 얼굴 같아서 알기 어렵다. 다만 공직의 수장 자리를 놓고 청문회에 나서는 실상에서 어느 정도는 가늠해 볼 수 있다. 청문회를 보면 그 어떤 공복도 국민을 위한다는 생각이 들지 않는다. 그들이 가진 부가 국민이 낸 혈세를 정당하게 녹봉(祿俸)으로 받아 이루지 않았다고 인식하고 있다는 사실이다.

오늘도 역사의 수레는 쉼 없이 돌아간다. 이러한 역사의 수레에 거리낌 없이 살아야 하지 않을까 하는 생각을 한다. 특히 공직자는 더욱 그렇다. 공직자의 자세는 철저히 공복이라는 생각을 놓아서는 안 된다.

공복은 국민이 섬기는 데서 비롯한다. 오늘의 공복은 국민을 섬기는 것이 아니라 그 자리만 앉으면 국민을 다스린다는 생각을 한다. 이러한 것들이 공직자를 불신하게 한다. 금강경 오가해 야부(冶父)선사 게송에 "마음에서 사람에게 짐 되지 않으면 얼굴에 부끄러운 기색이 없다."(心不負人面無慙色) 했다. 깊어가는 가을, 머지않아 옷깃을 여미는 추운 겨울이 온다. 추운 겨울이면 어려운 이웃들은 몸을 움츠려야 한다. 그들이 따뜻하게 이 겨울을 날 수 있도록 공직자의 공복하는 자세가 진실로 요구된다. 🖋

기회를 놓치지 말라

무상살귀불수타 無常殺鬼不須拖
내외난국불간과 內外亂局不看過
핵겁국노당극복 核劫國奴當克服
국론일민태평가 國論一民太平歌

덧없는 세월은 잠시도 잡아둘 수 없고
나라 안팎으로 어려움 많은 때
핵으로 겁박하는 노예의 나라에 잘 대처한다면
국론은 하나 되고 백성들은 태평가를 부르리.

덧없는 세월은 잠시도 붙잡아둘 수 없다. 우리에게 때와 기회는 늘 주어지는 것이 아니다. 때란 흐르는 물과 같아서 쓰건 안 쓰건 그냥 가버린다. 기회도 그러해서 기회가 오면 기회를 놓쳐선 안 된다.

옛 사람들이 배우는 젊은이에게 많이 쓰는 말이 "때는 한번 가면 다

勿入期時

毋常殺鬼不須拖

内外難局不看過

核劫圍奴當克服

國論一民太平歌

丁酉寒、雪之芽

一波堤雲

95

시는 돌아오지 않으니 기회가 오면 기회를 놓치지 말라"(時乎時乎不再來 勿入期時) 했다. 지금의 우리나라는 새 정부가 들어섰지만 적폐청산은 진행형이고, 북핵·사드·실업자·노동·임금 문제 등으로 매우 혼란하고 나라 밖으로도 혼란하다.

다 알다시피 IMF외환위기를 맞은 지 20년이 지났지만 당시 IMF아시아 담당 책임자의 말을 빌리면 현재 우리나라 경제 현실이 매우 위험하다고 판단한다. 가계부채가 1400조를 넘어선 것과 실업자 문제, 기업인을 옥죄는 일, 정규직 전환 등을 들어 위험하다고 보고 있다.

경제적으로 결코 안전하다 할 수 없는 상태에다 북한의 핵 위협은 리스크라는 말로는 안 될 정도로 절박한 위험으로 다가오고 있다. 이런 위험이 지속되는 가운데 북한은 신형 ICBM 화성 15형을 쏘았다. 이에 우리의 대통령은 ICBM에 핵을 탑재할 때가 레드라인이라 했다. 그렇게 선을 미리 긋는 것도 문제지만 핵폭탄을 탑재하면 모든 것이 끝인데 그때 가서 레드라인 어쩌고 할 여유가 있을까?

작은 나라에서 핵을 보유한다면 이것은 매우 위험하다. 우리의 주변 강대국이라면 러시아, 중국, 미국 등을 들 수 있는데 이들 나라는 최소한 피할 수 있는 공간이라도 있지만 우리나라는 그런 핵폭탄을 피할만 한 공간이 없다.

지금 세계 최대 강대국인 미국이 우리 편에 서있고 국제사회가 핵과 장거리 미사일을 용인하지 않는다. 우리가 이 기회를 그냥 흘려보낸다면 우리나라의 앞날은 어떻게 될지 가늠하기 어렵다.

우리에게 기회가 없는 것은 아니다. 미국과 서방국가들의 지원을 받고 있을 때, 북한의 핵과 우리가 그에 상응한 조치를 들어 연계해야 함에도 그렇지 못하다. 특히 이번 대통령의 레드라인 발언은 매우 미덥지 않게 생각하는 사람들이 많다.

그들은 하루가 다르게 핵무기의 완성을 위해 준비하고 살상무기를 만드는 데 총력을 다 한다. 이런 일들은 보통사람들도 그 결과가 어떻게 되리라 짐작할 수 있는 일이지만, 우리의 정부는 그것을 제대로 대처하지 못할 뿐 아니라 실기하고 있다는 생각을 차게 한다. 국민이 한 사람으로 매우 안타까운 일이 아닐 수 없다.

그들은 핵무장뿐 아니라 조선의 왕조시대도 하지 않은 21세기 신노예국가라 할 수 있다. 알다시피 북한 노동자가 러시아 등에 나가서 하루 12시간 노동으로 받는 임금도 제대로 받지 못하는데 그나마 북한당국이 70%를 가져간다니 김씨 일가와 그의 추종세력들의 배만 불리고 노동자들은 죽든 말든 별 신경 안 쓰는 나라가 북한이다. 왜 우리는 같은 동족이라 하면서 북한의 노예노동의 실상을 외면해야 하는가?

힘이 있어야 남을 도울 수 있고 가진 것이 있어야 남에게 베풀 수 있다. 지금 우리는 마음만 먹으면 북핵문제도 해결할 수도 있고 북한 노예노동 문제도 해결할 수 있다. 더 늦어지면 질수록 남과 북은 공멸한다. 공멸하기 전에 결단해야 한다.

사드문제도 그렇다. 중국은 마치 담장 넘어 남의 집을 감시하고 있던 차 사드가 들어서면 그간 감시하던 자기들의 면모가 드러나는 것이 두려웠다고 본다. 왜 우리 정부는 당당하지 못하는가? 북한의 핵문제만 해결된다면 바로 철거할 수 있다고….

노예노동 문제도 우리나라가 적극 나서서 세계 인권국가와 연계해서 문제를 해결한다면 얼마든지 가능한 일이라 본다. 세계 어느 나라가 자기나라 자기 동족이 아닌데 앞장서 힘쓰겠나? 북한의 노동자는 우리와 같은 동족이다. 우리가 나서야 세계도 도울 수 있지 않겠는가?

이제 한 해도 한 달이 채 남지 않았다. 미국 조야에서도 한국·일본도 핵무장을 해야 한다는 말이 나오고 있다. 모든 문제의 해결은 평행에서 가능하다. 평행을 하기 위해서는 북한의 핵이 폐기되든 아니면 우리도 핵무장을 해야 한다. 더는 소 잃고 외양간 고치는 일은 없기를 간절히 바란다. 🖋

삶과 그림자(影人)

완전생임폐 完全生臨閉
결애별체설 結愛別今泄
별애인무험 別愛人毋驗
진상생모서 眞相生某逝

온전한 삶은 죽음 때문이고
사랑의 결실은 이별이 만든다.
사랑도 이별도 경험하지 못한 사람
인생의 참모습 모르고 떠난다.

세상에 처음 태어날 때 앞날도 모르고 그냥 주어진 환경에 의해 성장
하고 세상을 체험한다. 그렇게 세상을 체험하는 동안 한동안은 세상이
영원한 줄로만 알고 지내다가 점차로 부모형제 중에 병들고 죽어가는
모습을 보면 죽을 수 있구나 하는 생각을 하게 된다.

完全生
臨閉

結愛別
兮泄

別愛人
母驗

真相生
某逝

影人
一波堤雲

비로소 자신을 들여다보게 되고 인간의 존재가치에 대해 생각한다. 이것이 깊은 신앙으로 이어지기도 하고 사후를 생각하는 계단(인간의 가치에 준하는 어떤 행위)을 만든다. 만약 죽음이 없다면 해탈을 구할 필요를 가지지 않을 것이다. 따라서 위대한 석가모니도 존재하지 않았고 그에 따른 가르침도 없다. 이것은 캄캄한 밤은 무섭고 두렵지만 밤이 없는 세상은 상상할 수 없는 것과 같은 것이다.

키에르케고르가 단독자(單獨者)로서의 실존(實存)이 죽음을 자각하기 때문이라고 한다. 석가모니의 영향을 받은 쇼펜하우어도 죽음이라는 것을 초연히 받아들여 죽음이라는 공포를 넘어서려 했다. 죽음이 있기 때문에 삶을 계획할 수 있다. 만약 죽음이 없다면 삶의 가치는 만들어지지 않는다.

그러므로 어떻게 죽을 수 있을까를 불제자들은 잘 알고 있다. 따라서 해탈(解脫)을 구하고 해탈이라는 것은 이런 것이다 하는 모습을 보이는데, 그것이 초연한 죽음의 한 형태로서 좌탈입망(座脫入亡, 앉은 채 세속적 번뇌를 떨쳐버린 적멸의 세계에 들어감) 등을 보인다.

중국의 방거사(龐居士)는 자기 딸에게 오늘 정오에 열반(涅槃, 초연한 죽음)에 들려 하니 밖에 해를 보고 오라 하였다. 딸이 밖에 나갔다 돌아와 아버지에게 오늘은 일식이라 해가 보이지 않는다 말했다. 방거사가 잠시 밖을 보고 들어오니 딸 영조가 열반에 들었다. 이 모습을 보고 "딸이 나를 속였구나! 대단하다 내 딸이여…" 딸을 화장하기 위해 일주일 후

열반에 들겠다 하고는 딸 상을 정리하고 일주일이 되어 떠났다. 이러한 죽음의 모습은 자신의 초연한 죽음을 보이는 동시에 영원한 죽음이 아니라는 것을 보인 것이다.

사랑한다, 사랑을 느낀다, 사랑해야 한다 하는 모든 것들은 이별이라는 전제가 따르게 된다. 사랑하는 순간순간들에 있어 이별을 망각할 뿐이다. 나면 죽고 만나면 헤어지는 것이 인생의 텍스트다. 진정한 사랑이라 하지만 사랑할 때는 사랑을 알지 못한다. 마치 '남자는 첫사랑을 기억에서 지우지 않고, 여자는 최후의 연애를 잊지 못하는 것'처럼… 돌아서고 나서야 비로소 '아! 사랑'이라는 것을 알게 된다.

여기에서 사랑도 체험하지 못하고 이별의 쓴잔도 비우지 못한 사람이 있다면 인생의 가치를 알지 못한 삶을 살았다 할 것이다. 인생의 맛이 무엇이냐 한다면, 먹는 데 있다고 말하는 사람, 사랑이라고 말하는 사람도 있을 것이다. 이것은 어둠이 있기에 밝음의 가치가 있는 것처럼 이별의 쓴잔이 있어 사랑의 강도가 높고 아름다울 수 있지 않을까 한다.

그러므로 인생의 참모습은 사랑하고 이별하고, 괴롭고 즐거운 이 모든 순간을 체험하고 나서야, 비로소 자신을 바로 볼 수 있게 되며 죽음이라는 마지막 이별도 아름답게 승화하지 않을까? 🪷

봄은 왔지만 봄 같지 않네(春來不春)

광풍혜통민 狂風兮痛民

내외혜무안 內外兮無安

귀향혜하일 歸鄉兮何日

영춘혜미환 迎春兮未歡

미친바람에 백성은 아파하고

안과 밖이 편하지 않으니

백성들은 언제나 집에 돌아갈지

봄은 왔지만 봄 같지 않네.

지금 대한민국은 광풍이 분다. 미친바람이다. 작년 10월부터 부는 이 미친바람이 언제나 그칠지 광장에는 생업을 포기한 채 아이를 등에 업고 손에 손을 잡고 외친다. 무엇이 부족하고 무엇이 못마땅한지 이 거칠고 황량한 바람에 촛불을 켜고 외치고 있고, 한쪽에는 태극기 휘날리며

狂風兮肉痛，民兮外安，無兮景何，帝兮日迎，未喜兮歡，喜來不喜來，楚巫風。

104

아우성이다.

한 나라의 왕이나 통치자는 하늘이 내린다고 세속에선 말을 한다. 지금의 대한민국은 대통령이 백성에 의해 끌려서 내려오는 현실을 맞고 있다. 그로 인해 '우리의 대통령이 우리의 대통령이 아니다'라고 백성들은 외치고 있다. 그 외침이 서울 중심에서 점점 전국 방방곡곡으로 퍼져 나간다.

우리의 우방이라는 미국에서 새 대통령이 선출되었지만 우리의 안보도 경제도 개입을 기약할 수 없다. 그런 중에 잠시도 우리의 평화를 인하지 않는 동족 북한이 우리를 두렵게 한다. 시절은 변함이 없어 경봉(鏡峰) 스님의 게송(偈頌)처럼 "봄이 가고 봄이 오고 또다시 봄을 맞이한다"(春去春來遇遭春)지만 오늘의 봄은 봄 같지 않다.(春來不似春)

봄이라면 얼었던 대지가 녹아야 하고 움추린 산천이 다시 회생(回生)해야겠지만 언제나 회생할지 모르는 암울한 날만 다가오는 그런 하루하루를 대한민국 국민들은 살아가고 있다.

아! 슬프다. 봄이 되면 꽃 피고 새가 울고, 산 개울물 소리 우렁차게 들려오고, 농부는 땀 흘리며 밭을 일구어 저마다 주어진 한 해를 설계하는 씨앗을 뿌려야 하건만 그렇지 못함이 못내 안타까울 뿐이다.

어서어서 이 봄 다가기 전 미친바람은 가고, 훈풍이 불어와 채 녹지 못한 동토(凍土)가 녹고 새싹이 온 누리에 파릇파릇 피어나 새 희망의 노래가 이념을 깨뜨리고 지역을 넘어 한 민족은 한 마음이란 것을 오대양 육대주 만방에 널리널리 퍼지길 나는 간절히 염원하고 또 염원해 마지 않는다. 🎐

병신년을 보내며(丙申送別)

병신모약거빙삭 丙申暮若巨氷鑠

곡곡방방촉규작 曲曲坊坊燭叫作

하사양민창분노 何事良民彰憤怒

파란사욕국정탁 波瀾私慾國政柝

엄동설한민초고 嚴冬雪寒民草苦

대권맹자연연락 大權盲者連宴落

권부무상여풍객 權富無常如風客

군희행복방선착 君希幸福放先着

저문 병신년은 거대한 빙하가 녹은 것 같다

방방곡곡에 촛불의 절규 넘치고

무슨 일로 선량한 백성이 분노해야 하나

사욕의 물결이 국정을 파탄내고

엄동설한 백성들의 삶은 힘들기만 하는데

丙申暮若巨冰鑠
曲曲坊坊燭叫作
何事良民彰憤怒
波瀾私慾國政拆
嚴冬雪寒民草苔
大權真者連宴洽
梳富妄常如風客
君希幸福放先着

丙申送別

丙申年臘月提而玄

대권에 눈이 먼 정객들
연일 잔치상 차리려드네
권력도 부도 모두 덧없어 바람 손님 같은 것
그대여, 행복을 바라는가, 먼저 집착을 놓아버리게.

한 해가 저문다. 어제 같은 날들이 한 해를 다 채우고 이제 새로운 한 해를 맞이하게 된다. 누가 그랬던가? '세월이 쏜살같다'고. 되돌아보면 즐겁고 행복한 순간은 너무도 짧고 고뇌했던 순간들은 길었는지도 모른다

어느 해나 별반 다르지 않은 것이 인간사다. 수많은 사건 속에 재난이 있고 그 속에 인재(人災)가 있다. 인재란 사람이 만든 재앙이라는 뜻으로 제대로 준비했으면 일어나지 않을 사고다. 올해는 어느 해보다 국민의 안타까움이 컸던 해가 아닐 수 없다. 대통령이 탄핵을 당했다. 문제는 대통령의 탄핵이 위정자들의 헤게모니에서 나오지 않았다. 전 국민이 일어섰고 전 국민이 촛불시위를 하고 행동으로 대통령을 밀어내었다. 아직은 헌법재판의 최종 판결을 남겨둔 상태에 있지만 다수의 국민이 대통령을 불신하고 있다.

대통령이라면 만민을 다스리는 최고의 통치권자이지만 통치권이란 국민의 신임이 있을 때만이 가능하다는 것을 여실히 보여주지 않았나 하는 생각을 한다.

국민의 다수는 선량하다. 보는 대로 판단하고 듣는 대로 판단한다. 나는 이러한 국민들을 양민(良民)이라 본다. 양민이란 선량한 국민이라는 뜻이 된다. 위정자들은 스스로 이익에 따라 믿어야 할 것은 안 믿고, 안 믿어야 할 것은 믿는다. 그런 것이 때로는 당리당략이나 스스로의 기득권을 지키기 위한 수단이 되기도 한다. 그러나 다수의 국민은 선량하다. 보는 대로 듣는 대로다. 이것이 순수하지 않는다면 무엇이 순수하다 할 것인가?

오늘 같은 우리 사회는 다양한 개성 사회다. 그 누구도 모든 것을 혼자 다 할 수 없다. 나이든 사람은 경륜으로 이끌고 젊은 사람은 주어진 책무를 바로 실행한다. 옛말에 "기러기 하늘 높이 날자 모래밭에 자국이 남고 사람이 황천에 가니 그 집과 이름이 남더라."(鴻去天末飛沙跡 人去黃泉在家名) 했다. 여기에 한마디 덧붙이자면 중국 당나라의 고승 동산 양개(洞山良介)화상은 "세 마디 기운 소멸될 때 누구를 주인 할 것이며, 백년인생 몸 마친 후 이름마저 부질없다."(三寸氣消誰是主 百年身後謾虛名) 했다.

무엇이 우리를 슬프게 하고 무엇이 우리를 분노케 했나? 국민은 단순해서 순수하다. 다 같이 못살면 못 사는 대로 받아들인다. 다만 똑같은 일을 하고도 누구는 부귀를 누리고 누구는 의식주를 걱정해야 하는가? 이것이 문제다. 정당하게 벌어서 정당하게 산다면 그런 것을 불평할 사람은 없다. 권력을 이용하고 국민을 팔고 국민을 속여 스스로의 배를 채우는 것은 용납할 수 없는 것이다.

110

세상은 과거나 현재나 별반 다르지 않다. 생활이 풍족할 때나 초근목피로 연명하는 난국에서도 늘 같은 것은 인간의 욕심이다.

인간이란 참 묘한 동물이다. 어려서 철없을 때 과일 하나 과자 한 봉지 훔치는 것이 큰 죄를 짓는 것처럼 여기면서 점차로 성숙한 인간이 되면 욕심이 줄어들어야겠지만 그렇지 못하다. 자기 살아생전 다 쓰지 못할 정도로 재물에 탐을 낸다. 이것이 인간의 욕심이다.

나는 말한다. "명예면 명예, 권력이면 권력, 부면 부 하나만 주어져도 만족하라." 이 말이 간단해 보이나 간단하지 않다. 피드백에서 알 수 있듯 인간은 권력도 취해야 하고, 명예도 취해야 하고, 부도 누려야 한다.

슬프다! "그대여, 진정 행복을 바란다면 먼저 이러한 집착으로부터 해방되어라."

나라를 근심하다(憂國日)

십이월구일 十二月九日

의전성촉랑 議前成燭浪

민의보탄핵 民意報彈劾

가무중무량 歌舞衆無量

차자부월족 此自斧刖足

함자증오창 含慈憎惡昌

청우고녀루 青宇孤女淚

익일개한상 翌日蓋寒霜

12월 9일

의사당 앞은 촛불이 물결을 이루고

국민의 외침이 탄핵을 이뤘다.

노래하고 춤을 추는 사람 헤아릴 수 없고

이거야 믿는 도끼에 발을 찍힌 격

十二月九日

議前成燭浪
民意報彈劾
歌舞眾喧量
此自斧刑足
含慈憎惡昌
青宇孤女淚
翌日蓋寒霜

憂國日

丙申年十二月九日
楚丙玄

사랑을 준만큼 원성도 높아
푸른 기와집 외로운 여인의 눈물
다음 날 찬 서리 되어 온 나라 덮었네.

민주주의 외치던 그날이 언제이던가? 1948년 헌법이 제정되었고 1960년 4월 19일 민주주의 기치를 높게 들었다. 그렇게 외쳐대던 그날로부터 반세기가 넘은 56년이나 되었다. 이제는 민중이 거리에서 민주주의 외치지 않아도 될 때가 되었건만 무엇이 잘못되고 무엇이 그렇게 100만 인파가 거리에 나와 물결을 이루며 외쳐야 하는가 그저 슬프고 슬플 뿐이다.

인간의 삶에 있어서 어떻게 살아야할 것인가를 한 번쯤 생각해 본다면 처음 세상에 태어날 때는 부모의 업연에 의해 세상을 보게 되었고 그 업연의 연장선상에서 도움을 받으며 성장하게 된다.

인간의 가치는 성장에서 비롯된다. 성장하지 못한 때는 이성이 발달하지 않았기에 인간의 가치개념에 무지하다. 따라서 온전한 인간이라 볼 수 없다. 점차 세상을 보고 세상을 듣고 세상에 적응하면서 인간이 무엇인가를 알게 된다. 인간이란 먹고 자고 입어야 살 수 있는 것이 본능이다. 그러나 인간은 점차로 세상을 알아가면서 세상에 좋고 나쁨을 체험하게 된다. 문제는 이 체험이 인간을 무섭게도 만들고 추하게도 만들고 타락하게 만들기도 한다.

왜일까? 나는 다른 사람보다 좀 더 힘이 세어야겠다는 생각에 권력에 마음을 뺏기고 남보다 더 뛰어난 모습을 가지고 싶은 데서 명예에 빠져든다. 또한 남보다 더한 즐거움을 누리기 위해 물질에 종속된다. 이러한 것들이 인간이다.

서산(西山)대사는 만국도성을 개미집에 비유했고, 많은 호걸들의 삶이 쇠파리 같다(萬國都城如蟻屋 千家豪傑若醯鷄)고 했다. 불가에서는 존재하는 세상의 모든 양상과 행위까지도 무상(無常)이라 여긴다. 권력도 무상하고, 명예도 무상하고, 물질도 무상하다. 무상이란 덧없음으로 달리 말하면 영원성이 없다는 말이다.

인간은 고등동물이다. 고등동물이란 지능을 가졌다는 뜻이다. 이러한 지능을 가진 동물이니 세상을 수승하게 살아야할 테지만 그렇지 못하다. 왜일까? 욕심 때문이다. 욕심이란 탐내는 마음으로서 분수를 넘어서는 마음이랄까, 뭐 이런 정도로 해두자. 이 말은 불교의 가르침에 분명히 있다. 탐진치(貪嗔痴)라 해서 삼독이라 한다. 탐내고, 성내고, 어리석음 이 셋 중에 첫 번째에 해당한다.

나는 평소에 "올라간 만큼 떨어질 수 있으니 올라가는 것만 능사가 아니다. 올라가려면 떨어질 것을 생각해야 한다"는 말을 자주 한다. 인생이란 마치 줄을 타는 곡예사와 같다. 줄 위에서 멋진 포즈로 사람들에게 박수를 받을 수도 있지만 잠시만 방심하면 떨어져 다칠 수 있기 때문에 박수 받는 순간순간을 조심해야 한다.

이번 탄핵과 100만 촛불의 원인이 국정농단에서 비롯되었다. 국정에 개입해서 자신의 이권을 챙기는 것도 큰 죄를 짓는 일이지만 그 편승을 제대로 막지 못함도 더 큰 죄가 된다고 본다. 대한민국 정부 수립 후 모든 정권이 하나같이 재단을 만들었다. 이것 또한 욕심이다. 퇴임 이후를 생각한 일이라 하지 않을 수 없다. 혹 나는 아무런 욕심이 없었다고 할지 몰라도 내 사람이 그렇게 되길 바라는 마음이라도 보탰다면 그것이 욕심인 것이다.

무엇을 정의할 것인가?(難定)

심래무거처 心來無去處
풍역무진순 風亦無眞瞬
하위정사피 何謂定斯彼
수시처부인 隨時處否認

마음은 본래 거처가 없고
바람 또한 실체가 없나니
무엇을 일러 이것저것이라 할까
때와 장소에 따라 인정하거나 말 것을.

마음이란 추상적 명사에 지나지 않는다. 우리가 늘 쓰는 말이지만 마음이 뭐냐? 마음이 어디에 있느냐? 묻는다면 선뜻 답하기 어렵다. 마음은 인간의 의식(意識)을 뜻한다. 의식이란 깨어 있는 상태로 생각하고 판단하는 모든 것이라 할 수 있다.

一波堤雨書

心來無去度
何謂定斯彼
風亦無再瞬
適時度否認

유마경(維摩經)에 보면 "마음은 안에도 있지 않고, 밖에도 있지 않으며, 중간에도 있지 않다"라고 했다. 논리의 극대성이라 할 수 있는 기신론(起信論)에 의하면 "한 마음에 두 가지 문이 있다"(一心二門) 했다. 하나는 청정한 마음 문(眞如門) 둘은 나고 죽는 문(生滅門)이다. 청정한 마음이란, 진실된 마음으로 오염되지 않은 깨끗한 마음을 뜻한다. 나고 죽는 마음이란, 번뇌를 뜻한다. 즉 선과 악을 일으키는 마음으로 윤회하는 마음을 뜻한다. 이러한 것들이 추상적 마음의 세계다.

마음을 추상적으로 보는 것은 마음이 형체가 없기 때문이다. 보려고 해도 볼 수 없고 잡으려 해도 잡을 수 없다. 이러한 마음 깊이를 현대 심리학에선 id로 표현하는데 곧 본능(本能)이다. 이 본능 속에는 불성(佛性)도 있고 악(惡)도 있다.

프로이트는 모든 죄는 이 본능에서 나온다고 본다. 그래서 마음은 분명히 선과 악을 가진 도구라 할 수 있지만, 무엇이라 정의(定義)하긴 어렵다. 그것은 실체가 없기 때문이다. 마치 바람과 같고, 봄날의 아지랑이 같고, 북극의 오로라와도 같기 때문이다.

그러므로 인간의 주체가 되는 마음도 실체가 없는데 순간순간 일어나는 삶의 여러 형태를 어찌 이것이다, 저것이다 정의할 것인가? 다만 맑은 거울 앞에선 검은 것은 검은 대로, 흰 것은 흰 대로 비칠 뿐이다. 흰색 검은 색 또한 어떤 작용의 영향에 따라 붉고 푸르게 나타날 수 있다. 야부선사(冶父禪師)의 게송(偈頌)에

마하대법왕 摩訶大法王

무단역무장 無短亦無長

본래비조백 本來非皂白

수처현청황 隨處現靑黃

천지만물의 법왕

짧거나 길지 않다

본래 희고 검지 않지만

환경에 따라 푸르고 누르게 드러날 뿐.

인간의 주체로 느끼는 마음의 작용이 이러한데 무엇을 옳다 그르다, 이것이다 저것이다 할 것인가? 처한 환경에 따라 다를 뿐이다. 좋은 예로 부처님께 어떤 제자가 그때그때 말씀이 다르다고 하자 부처님께서는 중생의 근기에 따라 법문을 하신다고 하셨다. 가령 자식을 위해서는 살신성인하는 선한 마음을 내지만 때론 그 사랑하는 자식을 위해 악마의 모습을 보이기도 하는 이것이 여자이고, 엄마이다. 그렇게 본다면 여자는 착한 것인가? 악한 것인가?

우리들은 어느 한 면을 보고 쉽게 판단하기가 쉽다. 쉽게 판단하고는 곧바로 후회하는 일들도 많다. 사물을 깊이 보고 깊이 생각해 바르게 판단해야 할 것이다. 절대로 섣불리 판단해서는 안 된다.

마침 이 글을 마무리할까 하는 순간 우연히 종편 채널A를 보게 되었다. 사회자와 패널리스트 몇 명이 보였다. 이번 같은 탄핵이 일어나지 않았다면 그녀 앞에 눈을 맞추기도 쉽지 않았을 사람들이 물을 만난 물고기마냥 날뛴다. 시쳇말로 가지고 논다라고 본다. 아직은 대통령 직에 머물고 있고 최종심의도 끝나지 않은 상태다. 그럼에도 불구하고 한 패널이 "춘향이인 줄 뽑았는데 향단이구" 했고, 이어 모 전의원인 여자 패널이 그리스 신화에 나오는 여신 '메두사'에 비유했다. 메두사는 악마의 상징으로 얼굴에는 뱀으로 치장되어 있고 손은 구리로 되어 있어 흉측하기 그지없다. 포세이돈이 아테네를 빼앗긴 것에 앙심을 품고 복수를 위해 그녀를 유혹해 아테네 신전에서 사랑을 나누었는데 처녀신인 아테나가 신성모욕으로 받아들여 메두사를 쳐다보는 순간 돌이 될 정도로 독사 머리카락 구리 손 괴물이 되게 했다는 그 메두사에 비유했다. 그 메두사를 쳐다본 친'박'들이 모두 돌이 되었다는 말이다.

우리 속담에 "정승집 개가 죽으면 문전성시를 이루지만 정승이 죽으면 한 사람도 오지 않는다"는 말이 있다. 현재 대통령이 위세가 꺾이고 탄핵심의를 받는 대통령이 정승의 죽음과 같은지도 모른다. 돌팔매를 맞아도 안 되겠지만 섣불리 던져서도 안 된다. 그래도 한 나라를 통치한 지도자인데 극악무도한 행위를 한 것도 아니고 매국행위를 한 것도 아니다. 국정논란을 방조한 점과 그 외도 여러 건들이 심의 중인 상태에 있다.

우리나라에서 정치 물을 먹은 사람이라면 그렇게 심한 돌팔매를 던질 수 있을까? 전직 전의원 경우는 조롱을 넘어서 망언의 극치를 보인다 할 수 있다. 정치자들이여, 자신을 되돌아볼 일이지 함부로 정의하지 말라. 이미 대통령은 탄핵으로 국민의 심판이 내려졌다. 그녀가 돌아갈 길만 열어주면 되는 것이다. 🎐

종도들이여, 어둠에서 깨어나자

세월류광전 歲月流光電

아종불통혼 我宗不洞昏

실상무조작 實相無造作

수란조계문 誰亂曹溪門

세월은 광전처럼 빨리 가는데

우리 불교는 어둠에서 깨어나지 못하고

실상은 그대로인데

누가 조계산문을 어지럽히나

지금 서울 조계사 앞에서는 적폐청산을 외치고 있다. 그 한가운데 명진스님이 목숨을 건 단식을 하고 며칠 후 효림스님도 동조 단식에 들어갔다. 그들은 적광스님의 폭행사건을 규명하고 조계종 총무원의 여러 적폐들을 청산하려고 외친다.

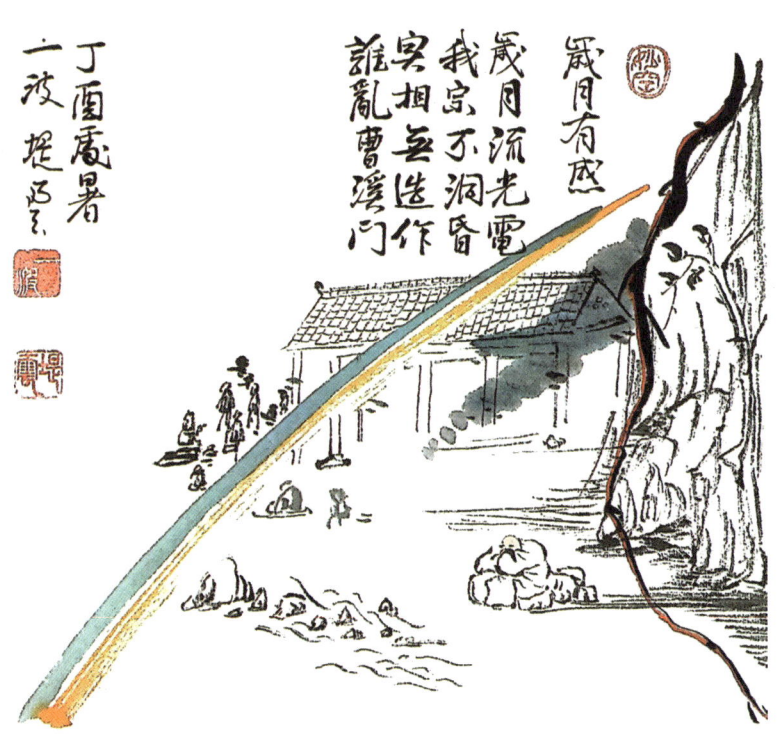

歲月有感

歲月流光電
我室不洞昏
宴相無逃作
誰亂曹溪門

丁酉處暑
一波堤記

124

이미 언론을 통해 알려진 사실로 조계종 총무원이 개입되어 있다. 총무원 측에서는 호법부의 취조과정에 문제가 있었다는 정도로 얼버무리고 만다. 우리 조계종은 종법에 8대원칙이라는 것이 있다. 머리를 깎고, 먹물 옷을 입어야 하고, 취처하지 않아야 하는 등이다.

그럼에도 우리 조계종은 일부 권승(權僧)들이 취처(娶妻)를 해도 그것을 종법에 의해 제대로 처리하지 않고 있다. 많은 사찰을 통제하는 본사 주지라면 더욱 엄격해야 함에도 주지를 하고 있다는 사실이다. 다만 아직 정확하게 규명되지는 않았다. 줄기차게 규명을 외치고 있지만 그것을 규명해야 하는 조계종 총무원이 하지 않고 있기 때문에 그들도 같은 적폐청산 대상으로 보는 것이다.

이러한 모든 적폐의 중심에 자승 원장이 있다. 이런 문제를 제기하면 모두 징계대상이 되는 조계종의 현실이 안타깝고 슬프다.

무엇보다도 조계산문 임제(臨濟, ?~867 달마로부터 이어지는 조계종의 법통) 후손들의 바람은 차기 총무원장 선거가 공정하게 치러져 조계종이 제대로 자리를 잡기를 바라는 마음이다. 문제는 그토록 승랍 10년 이상 수행자를 중심으로 선거하기를 다수 종도들의 바람이었지만 불교광장(조계종 최대 종회의원 모임)이 자승 원장의 손에 들어가 있는 관계로 곧 있을 원장선거를 과거식으로 치러야 하는 실정이다. 이렇게 된다면 현 종회의원 80명에 25교구 본사 각 10명의 선거인단 모두 합쳐야 330명인데 200명 정도만 매수하면 끝나는 상황을 우려할 수밖에 없다. 수덕사 방장 스님을 추대하고자 한다. 만약 그것이 안 될 때 경선을 한다고 한다. 수덕사 방장 스님은 이미 세수가 80에 가까운데 과연 그분이 그런 자리를 원해서일까?

한국불교 1600년 유구한 역사는 참 자랑스럽다 하지 않을 수 없다. 이러한 역사의 흐름에 마치 청천하늘에 구름이 끼듯 오늘 우리 종단 현실은 부끄럽고 암울할 뿐이다. 장주스님이 자신을 비롯한 도박연루사건이 해외원정에다 국내 유수호텔을 전전했고, 심지어 총무원장이 머물고 정대스님 영정이 모셔져 있는 은정문화재단에서까지 있었던 도박사건도 제대로 규명되어져야 하며 봉은사 주지를 임명함에 실제 주지는 따로 있다는 말이 많다. 이번에 전국승려대회를 열어 이러한 적폐가 반드시 청산되어야 한다.

본시 수행자는 총무원 같은 그런 자리 꿰차고 부유한 사찰 주지나 하는 것이 아니라는 것쯤은 다 알지 않은가? 그래서 성직(聖職)이라는 말도 맞지 않다고 여기는 것이 수행자다. 성직이라면 그 또한 직업 냄새가 나기 때문이다. 수행자란 직업이라는 개념과는 완전히 다르고 달라야 한다. 오직 상구보리하화중생(上求菩提下化衆生)일 뿐이고 이것을 위해 위법망구(爲法忘軀) 한다.

오늘의 수원 용주사(2교구 본사)가 있기까지는 임진왜란 후 폐허이다시피한 도량에 당시 주지가 몇 년을 바랑에 짚신을 메고 전국을 다니며 화주를 해서 오늘의 대가람 용주사를 있게 했고, 법주사 스님들은 짚신을 내다 팔아서 가람을 수호하고 수행을 해서 오늘의 법주사를 수호할 수 있었다. 땅이 많다는 양산 통도사 스님들도 절에서 금기해야 하는 누룩을 지어 팔면서 가람을 수호한 일들은 선조 스님들이 얼마나 투철한 중의 정신을 가졌나 하는 생각을 우리는 간과해서는 안 된다.

필자가 통도사 강원에서 수행할 때가 44년이 지났다. 당시만 해도 선배 스님들은 하루 2홉 밥을 먹은 말을 했다. 그만큼 머지도 못하면서 ㄴ 스님들은 몇 푼의 돈도 아껴 땅을 사서 절에 귀속시킨 이야기를 들을 때 가슴이 메어짐을 오늘 후학들이 제대로 이해했으면 하는 마음 간절하다.

이러한 유산을 조계종의 일부 권승들이 쥐락펴락 하고 있으니 이에 편승하지 못하는 다수의 스님들은 불편부당을 넘어서 수행자로서 앞날과 노후까지도 걱정해야 하는 실정이다.

한국불교는 국가 다음으로 많은 재산과 문화유산을 가지고 있다. 이런 현실이지만 오랜 기간 수행만 해온 수좌들은 걱정을 넘어 당장 몸이라도 아프면 죽어야 할지도 모르는 이것이 작금의 조계종 현주소다. 나 자신도 조계산문에 몸을 담은 지 45년이 되었지만 마땅히 머물 곳이 없어 지금은 마을의 토굴에 사는 신세다.

다행하게도 전국선원 수좌회가 조계종의 적폐청산을 위해 전국승려대회를 준비하고 서울에서는 촛불집회를 이어가고 있으니 반드시 좋은 결과를 기대해 본다.

이제 내가 현 종단에서 겪었던 이야기를 좀 해보려 한다. 자승 원장이 들어서고 그 다음 해 봄이다. 난 경산스님(京山, 조계종총무원장 3번 역임) 상좌로서 적조사 차기 주지 문제를 의논하기 위해 종로경찰서 옆 모 식당에서 문중 스님들 13명이 참여했다. 나를 만장일치로 적조사 차기 주지로 추천했고 나는 곧바로 총무원에 주지 품신 서류를 넣고 기다렸지만 열흘이 가고 보름이 가도 소식이 없어 담당직원에 문의하면 담당직원의 말은, 보고는 했지만 원장 스님이 하는 일이라고만 했다.

나는 나를 추천한 여러 문중 스님들의 뜻도 있고 해서 원장을 면담하려 했지만 비서실에서 연락처만 남기고 가라면서 막아 원장을 보지 못하고 돌아서야 했다. 다시 돌아와 기다려도 아무런 연락이 없었다.

내가 30여 년 전 자승 원장과 함께 2교구본사에서 함께 삼직을 살았고 당시 수원포교당에서 청년회와 신도회 지도법사를 하며 같이 살았고 또한 경산스님의 같은 상좌로서도 오랜 인연을 이어갔었다. 이러한 사이였고 또한 원장은 1교구에서는 교구장이니만큼 이유라도 알고 싶어 전화를 해도 받지 않았다.

조계종 스님들은 다 아는 바지만 산중사찰이건 도심사찰이건 문중이 돌아가면서 주지를 하는 경우가 많다. 그러므로 문중에서 추천하면 별

문제가 없으면 주지임명이 되어 왔다. 이런 것을 감안할 때 주지 품신이 되지 않으면 서류를 합당한 이유를 붙여 반환해야 함에도 그런 절차가 없어 아쉬움이 없지 않다.

(물론 같은 해이지만 의심이 갈 순 있다. 나는 동화사에서 1972년 중이 되고나서 보니 그해 어느 날 해인사에서 경산스님 앞으로 중이 되었다기에 그냥 사형사제로 생각했다. 지금은 정정된 걸로 알지만 정대스님이 원장으로 있을 그 무렵까지는 1969년에 해인사에서 정대스님 앞으로 중이 된 것처럼 승적을 조작했다. 뿐만 아니라 동화사 강원에서 공부도 하지 않았는데 상원이 없어진 걸 교묘하게 이용하여 동화사 강원을 졸업했다고 밝혔다가 뒤에 문제가 되니 이력에서 제외했고, 또한 종회의원을 하기 위해 승적을 조작했다면 이 또한 징계에 해당된다.)

이 글을 쓰는 나는 승랍 45년에 사회법이나 종법에 걸림이 없지만 지금은 포항 바닷가 가까운 마을 어귀의 토굴에서 정진하지만, 중으로 본분을 다하려고 경상매일신문(일간지)에 '산방한담'(山房閑談) 란을 만들어 칼럼을 연재하고, 경기데일리(인터넷신문)에 '오늘의 법문'과 선으로 가는 길(선문화잡지)에 '선시법향'(禪詩法香)을 칼럼 형식으로 연재하며 중생과 소통하며 포교에 이바지하고 있다.

오늘 한국불교의 현실과 나 자신을 보면서 이런 게송이 떠오른다.

마음에서 사람에게 짐 되지 않으면 부끄러울 것이 없다.

심불부인면무참색(心不負人面無慙色)

금강경오가해 야부송(冶父頌)

사람은 공평하면 말이 없고 물이 평탄하면 흐르지 않는다.

인평불어수평불류(人平不語水平不流)

선문염송(禪門拈頌)

감성을 넘어서자(理對感性)

인간순결유생각 人間純潔由生覺
기가이문리감병 起覺一門理感竝
이성평론추합리 理性乎論推合理
무타감성계선정 無他感性繫先情

인간이 오롯할 수 있음은 생각을 말미암기 때문이고
생각에 두 가지가 있으니 이성과 감성이 아우르나니
이성이란 보편적 합리를 논추(推論)하며
감성이란 객관보다 정을 먼저 앞세운 것이라네.

　　요즘 우리들 주변에서 일어나는 여러 일들에 대해 대처하는 것을 볼
때 보다 보편성을 띤 합리적 사고(合理的思考)에서 판단하기보다는 먼저
감성(感性)적 잣대를 들이댄다. 감성이란 감정(感情)에 가깝다. 감정이란
인간의 본능에서 비롯되니 자연스럽게 우러나오는 현상으로 마치 폭포

人間純潔由生寬起寬二門理感茲
理性平論推合理無他感性繫先情

理對感性

一波塌雨云

132

가 위에서 아래로 떨어지는 순리처럼 받아들일 수도 있다.

중국이 오늘날 실용주의(實用主義)를 받아들이기까지는 인의예법(仁義禮法)이라는 과정을 거쳐서 나왔듯, 오늘 같은 복잡 다변한 사회에 감성이나 감정에 치우쳐서는 더불어 살아야 하는 공동체에 맞지 않다. 다수가 모여 사는 사회에 바로 설 수 있게 하기 위해서는 인의예법을 뒤로 하고 법이라는 것을 주창해서 실용주의에까지 이르게 된 오늘의 현실을 이해할 수 있을 것이다.

법이란 이성에 가깝다. 이성은 합리적 보편성과 아우른다. 연일 쏟아지는 뉴스에는 합리적 판단은 뒤로한 채 우선 감성적이고 감정이 앞서는 판단을 쉽게 볼 수 있다. 미디어에서는 보다 공정성을 보여야 함에도 여론몰이에 편승해서 온 나라를 어지럽게 하는 데 일조하는 꼴이 되어 버렸다. 어찌 슬프다 하지 않겠는가?

우리 사회는 수 십 년간 통합을 외쳤지만 통합하고는 거리가 멀고, 편 가르기도 그대로다. 무엇이 문제인가를 깊이 생각해야 할 때다. 편 가르고 상대진영은 무조건 무시하고 하는 이런 일들이 온통 나라를 시끄럽게 한다. 가령 진보라 해야 할지, 좌파라 해야 할지, 재야라 해야 할지는 판단하지 않겠다. 다만 분명한 것은 현직 모 국회의원의 경우를 든다면 자기 사람들이 재판정에 의해 불구속이 되니 검찰의 적정한 수사고, 기소였다고 하다가 상대적으로 자기 쪽이 아닌 사람의 불구속에 대하여는 사법부에 침을 뱉고 싶다는 말까지 했다. 이러한 사고를 가진 사람들이 이 나라의 주체가 되는 한 이 나라의 앞날은 암울할 수밖에 없다.

　적어도 한 나라가 바로 설 수 있으려면 그 나라 지도자의 수준을 보면 알 수 있다. 우리나라가 헌법이 제정되고 삼권분리가 된 지가 반세기를 훌쩍 넘었다. 아직도 분단된 국가, 작은 섬나라 정도의 소국과 같음을 벗어나지 못하고 있다는 현실이 슬프지 않을 수 없다. 공직자를 뽑는데도 참 공직자를 뽑기가 어렵다. 보라, 공무원이 제대로 신임을 받는가? 선출직 지방자치단체장은 임기가 버젓이 남아 있지만 충남·서울·경기·성남 등 지역발전과 주민들 생활은 팽개친 채 대권의 도전을 선언한다.

　현재 우리나라에는 서로의 불신이 팽만하다. 이렇게까지 된 데는 선출직 높은 직위를 가진 공직자들의 책임이 크다 하지 않을 수 없다. 그런 현실이 위로는 대통령에서 아래로는 말단 공무원까지 다 불신당하는 부끄러운 나라, 부끄러운 세상이 되었다.

　그러한 폐단을 감시하고 제시한다는 미디어도 불신에서 벗어나기 어렵다. 특히 종편이라는 곳에서는 연일 평론가들을 내세워 이러쿵저러쿵 떠들지만 그들 또한 한통속에 지나지 않는다고 본다. 그들도 자리만 달리 앉았을 뿐 같은 무리 정도로 생각한다.

　한 나라가 발전하려면 지도자를 잘 만나야 한다. 여기서 지도자란 소위 위정자(爲政者) 소리를 듣는 사람으로 봐야 한다. 물론 위정자라 해서 다 같이 볼 순 없다. 특히 국민! 국민! 외치는 사람들, 국민의 도움으로 높은 지위를 누리는 사람들은 모두 무한 책임이 따르고 그 책임에 목숨까지 거는 자세가 있어야 할 것이다.

　우리 불가에서 수행하는 스님들이 매일같이 몸을 구부리고 머리를 바닥에 붙이면서 외는 염송(念誦), 지심귀명례(至心歸命禮)다. 이 염송은 "지극한 마음으로 이 목숨 다해 예를 올립니다"라는 뜻이다. 본시 예불이란, 게으름을 쫓기 위한 행위에 지나지 않는다. 아무 이해관계도 걸리지 않는 그저 게으름을 떨쳐내기 위한 일에도 목숨을 다해 예를 갖춘다는 것을 생각하면 정치인들은 엄청난 이해가 걸려 있는데도 불구하고 그지 스스로의 충족을 위해 국민을 속이는 결과가 되니 이러한 폐단이 없어져야 이 나라가 바로 서고 국민이 잘 살 수 있을 것이다. 🕯

　* 오롯함이란, 바로 살아갈 수 있다는 뜻
　* 추론(推論)은 논추(論推)와 같은 뜻
　* 아우른다, 나란히와 같은 뜻

산에 살다(住山)

호산산주유 好山山住幽
청수일념휴 聽水一念休
이속이망욕 離俗已忘慾
차제하별구 此除何別求

산이 좋아 산에서 산다오
물소리 들으며 한 생각 쉬고
세속은 이미 잊어 욕심 없어
이 밖에 무엇을 달리 구할까?

산은 누구나 차별하지 않고 품어 준다. 마치 중생을 구제하기 위해 32
가지의 몸으로 현신하는 관세음보살 같다. 관세음보살 하면 자비를 상
징하는 보살이다. 자비란 한없이 주고 보듬을 뿐이지 가타부타 질책하
지 않는 그야말로 대자대비(大慈大悲)다.

好
山
山
任
絶

聽
水
一
念
休

離
俗
已
忘
然

此
除
何
別
求

住
山
想丙冬

137

많은 사람들이 산을 어머니 품과 같다고 말을 하지만 내가 성인의 명호를 드는 것은 어머니의 품을 넘어서기 때문이다. 어머니란 스스로의 가족에 한정되지만 보살은 가족이나 원근을 뛰어넘기 때문이다.

산이라 하면 '높다'는 생각을 우선 한다. 높다는 것은 우리들 인간의 무한의 가치에 비견(比肩)할 수 있고, 깊은 골짜기는 인간들의 최고 덕성에 비견하기 때문이다.

이렇듯 산은 티끌세상(塵土)에서 살아가는 힘든 중생에게 따뜻하게 보듬어준다.

나는 승려로서 산을 의지한 지 40하고도 수년이 지났다. 아주 오래되었다. 한 분야 한 길에서 반세기가 다 되어 간다. 승려로서 수행을 위한 산 생활이지만 오늘 미디어를 통한 현실에서 지치고 고단한 삶을 달래기 위해서랄까 산으로 들어가 사는 사람들이 꽤 된다.

산은 그냥 높은 봉우리나 있고 골이 깊은 정도가 아니다. 그 속에는 양식이 있고 희망이 있고 덕성을 주는 가르침이 있다. 그러니 힘들고 고단한 인로(人路)의 나그네들이 그곳을 찾고 의지한다.

야스퍼스(Jaspers Kare, 1883~, 독일 철학자)는 실존해명(實存解明)에서 "세계는 조화되어 있지 않으므로 이에 만족할 수 없는 우리는 실존으로 비약한다. 이 실존은 어떤 대상이 아니며 어디까지나 객관화할 수 없는 우리 자신의 존재이다." 이렇게 야스퍼스는 실존주의자로서 인간의 본질 가치를 추구했다고 볼 수 있다. 본질 가치란 불가에서 스님들이 참선수행을 통해 점차 자성을 알고 깨달음을 구하는 것과 같다고 할 것이다.

그가 실존의 이해를 해명(解明)이라는 이름을 들어 설명하는 것이 자아를 통해 자신을 바로 알게 한다는 것이다.

오늘 우리 사회는 그 어느 때보다 자아실현이 중요하다. 왜냐하면 고도화된 물질 속에 스스로 갇혀 살기 때문이다. 그러기에 가치관이 상실된 혼돈 속에 살아가고 있다.

이런 혼돈 속에 살아가는 중생에게 새로운 리더가 필요한지 모른다. 과거 역사 속에서의 성현의 출현 그런 현상 말이다. 문제는 항생제 처방을 남용한 오늘 우리 중생에게 아주 뛰어난 처방전을 가지고 나오지 않고서는 구제하기가 어렵다는 사실이다.

부처님께서도 스스로를 정신과의사에 비유했다. 일반적인 의사들이 인간의 육체를 치료한다면 부처님 자신은 인간의 정신을 치료하는 의사 말이다. 그런 의사가 오늘 같은 현실에서는 출현하기가 쉽지 않다. 해서 나는 산이 그러한 의사와 같은 역할을 대신한다면 지나친 표현일까? 문제는 중생 스스로의 근기(根器)에 있지 않을까? 준마는 채찍의 그림자를 보고 달리고 둔마는 채찍을 맞고 달리는 것과 같다. 🏺

꽃과 인생(花人)

화종절기복소개 花從節氣復消開

일거인생난재래 一去人生難再來

천하무쌍생지걸 天下無雙生智傑

상망하거부사애 常悵何去不斯哀

꽃은 계절 따라 피고 지는데

인생은 한번 가면 다시 돌아오기 어려워

천하에 둘 없는 호걸로 살았어도

갈 길 두려우니 어찌 슬프다 하지 않겠는가?

세월을 일러 '흐르는 물'(流水) 같다 하고 '전광석화'(電光石火, 번갯불이나 부싯돌 번쩍임) 같다고 한다. 흐르는 물은 멈춤이 없고 전광석화는 빠르다는 것이다. 이런 말은 세상을 살만큼 산 사람들의 입에서 나오는 말이다.

나는 가끔 나의 글에 "되돌아보면"이라는 말을 세월 앞에 더러 썼다.

花從蕊氣復消開　一去人生難再來
天下無雙坐智傑　常悵何去不斯哀

花人

丁酉年秋節
一枝題丙玄

141

세월은 물처럼 흘러가고 인생은 물위에 떠 있는 배와 같다. 이 배가 얼마나 물위에 떠 있을지 또한 물 따라 어디로 흘러갈지 알기 어렵다. 물위에 떠 있는 배는 늘 움직이기에 불안하다. 그래서 나는 운명(運命, 변화하는 생명)에 비유했다. 가령 물위에 배를 그려놓고 두 사람이 타고 있는 그림을 즐겨 그렸다. 출렁이는 배 위가 운명이라면 두 사람의 앉은 모습은 인간은 홀로 살아갈 수 없다는 뜻이 된다. 누군가를 의지하고 누군가를 향해 염원하며 살아간다. 이에 사랑하고 미워하는 이 모든 것이 인생이다.

인생이 이러하다면, 꽃은 다르다. 꽃은 피고 지고 한다. 꽃이 피고 지는 데는 일정한 룰이 있다. 봄, 여름, 가을, 겨울 4단계다. 봄은 싹을 틔우는 시작이다. 여름은 몸을 키운다. 가을은 메마른 자기 몸을 위해 화장을 하면서 동면을 준비한다 할 수 있다.

여기서 당년(當年)생 꽃이라면 가을에 씨앗을 다듬어 다음 봄에 꽃피우기 위해 씨를 퍼뜨리고 자기 몸을 버리는 준비를 할 것이고, 다년생이라면 다음 봄을 위해 몸을 정리해서 동면 준비를 하게 된다.

인간은 지구상에서 가장 아름답고 수승한 동물이라 꽃에 비유한다면 자연의 식물에서 가장 아름다운 모습은 꽃이다. 꽃은 아름답게 보여서만이 꽃이 아니다. 이 꽃이 피어야 다음 꽃을 피울 수 있기 때문이다. 그러기에 더 아름다운지 모른다.

그러므로 인간의 가장 아름다운 모습이라면 커다란 배(임신)를 만지면서 앞으로 세상에 출현할 아이의 모습을 상상하는 여인의 모습이 아닐까?

꽃은 피고 지고 하는 데 비해 인간은 그렇지 못하다. 인간은 한번 가면 다시는 그 모습으로 돌아올 수 없다. 우리가 죽어서 다음 생을 말하는 건 종교적 신념이지 인간은 죽으면 다시는 그 모습으로 환생하지 못한다.

환생(還生)은 역사 설화에 지나지 않는다. 달마(達磨)가 죽은 지 3년이지나 어느 날 중국과 인도를 드나드는 상인의 눈에 들어왔다. 죽었다고 무덤까지 만든 달마의 모습이 인도를 향하는 길목 파미르고원에서 달마가 자신의 조국을 향해 파미르고원을 넘는 모습을 보았다는 것이다. 이러한 환생설화가 아니라, 나의 씨가 나의 아바타로 다시 돌아오는 나의 후손에서 찾아야 하지 않을까? 나 자신이 공덕을 지으면 그 공덕대로 나의 아바타가 나의 후손으로 나타난다.

그러므로 우리는 죽은 이후 나의 모습을 찾으려 해서는 안 된다. 살아생전에 그대로 나의 진정한 나의 아바타를 찾아야 할 것이고 그렇게 되었을 때 꽃이 피고 지고 다시 꽃 피우는 것처럼 영원한 삶이 될 수 있을 것이다.

우리 불가에 스님들은 영원한 삶을 꿈꾼다. 영원한 삶이란 죽지 않고 영원히 산다는 말이다. 삼척동자도 사람이 나면 죽는다는 것은 다 아는 사실인데 스님들은 왜 영원한 삶을 말할까? 영원한 삶은 불생불멸(不生不滅)로도 통한다. 불생불멸이란 나지도 죽지도 않아 영원하다는 말인데 묻고 싶다. 무엇이 나지도 죽지도 않는 것인가를…. 🪷

큰 선거(大選)

대선인의사공평 大選人意思共平
망오우국사군생 亡吾憂國仕群生
사본혹시롱세상 捨本或是弄世上
행석진정유후명 行奭眞情遺後名

대선에 뜻을 둔 사람은 공평을 생각해야 하고
나를 버리고 나라와 백성을 생각해야 한다.
행여 본분을 저버리면 세상의 조롱거리요
진실로 큰 뜻을 행하면 후세에 이름을 남기리.

현재 우리나라는 외우내환(外憂內患)에 직면해 있다. 밖으론 38도선 북쪽 철조망 넘어 핵무기로 우리를 위협하고 이웃의 대국은 우리의 방어 시스템 사드THAAD를 놓고 경제보복을 하고 있다. 유래 없는 현직 대통령이 구속이 되어 구치소에서 나날을 보내고 국정은 바람 빠진 바퀴처

大人思亡平吾國群捨或舂上頭情後
選意其亡覽仕生在是老行真遺名

一波堤雲

럼 제대로 굴러가지 못한다.

이제 머지않아 대통령 선거가 있다. 이번 선거는 보궐선거다. 준비가 갖춰지지 않은 선거에 실업자는 늘어나고 경제는 파탄에 가까운 상태다. 난 요사이 마트에 들리면 제철과일이 눈에 싱그럽게 들어오지만 선뜻 사진 못한다. 항상 봄이 되면 흔히 쉽게 먹을 수 있는 과일이 참외다. 그런 참외를 쉽게 사먹지 못하는 건 가격이 만만치 않기 때문이다 조막만한 참외 5개 봉지에 담아 1만 원에 가까운 표시가 되어 있다.

나만 안 사는 게 아니라 다른 사람들도 쉽게 사지 않는다. 나는 혼자서 생각하기를 "왜 이렇게 비싸지! 이렇게 비싸니 누가 사먹겠나?" 과일은 쉽게 시든다. 좀 저렴하게 해서 시들지 않는 과일을 공급하면 좋으련만…

옛 사람들은 삶의 가치와 인간으로서 가치를 많이 생각했다. 어떻게 살 것인가? 즉 사람다운 사람 부끄럽지 않게 살다 가야 한다는 생각을 많이 했다는 사실을 역사는 증명한다. 안타깝게도 오늘 우리의 현실은 너무도 현실적이다. 오늘 하루만 잘살면 된다는 생각이다. 내일을 생각할 필요도 없고 훗날 사후는 더더욱 생각할 필요를 느끼지 않는다. 참으로 안타까운 오늘의 현실이다.

늘 선거 때가 되면 반복되는 것이 국민! 국민! 을 외친다. 무슨 전지전능한 메시아라도 되는 냥 모든 것을 다 해줄 것처럼 국민을 호도한다. 어디서부터 이 나라 이 사회가 갈등과 반목이 없는 진정으로 편안과 행복을 추구할 수 있는 사회가 될 것인가 하는 물음표를 던지지만 그저 암울할 뿐이다.

선문염송(禪門拈頌)에 "사람은 공평해야 말이 없고 물은 평탄하면 흐르지 않는다"(人平不語水平不流) 했다. 적어도 나라를 지키고 국민을 잘살게 하겠다고 외친다면 먼저 공평을 생각해야 한다. 우리 사회가 많은 갈들 중 하나가 못사는 사람은 점점 희망을 잃게 되고 잘사는 사람은 온갖 수단을 다 동원해서 더욱 재산을 늘려 나간다. 이런 것이 공평하지 못하는 사회다.

또한 국민을 내세워 자신의 입지를 세우는 사람들은 국민을 이용대상으로 삼아서는 안 된다. 군림하려 해서도 안 된다. 국민을 섬긴다는 자세다. 봉사하는 자세 말이다. 그런 정신을 가져야 할 사람이 행여나 본분을 망각한 채 사욕과 자신의 울타리 치기에 급급하다면 그런 사람은 머지않아 세상의 조롱거리가 되고 만다. 그러나 진실로 국민을 섬기고 국가의 안위를 생각하는 큰 행보를 한다면 그는 생전에 많은 사람들로부터 존경을 받을 것이요, 사후에는 후세에 반드시 이름을 남길 것이다. 🪷

금생작복(今生作福)

무주초암이굴생 無主草庵易窟牲
실권백성어무명 失權百姓如無明
일신일토재난우 一身一土再難遇
작복금생대차생 作福今生待此生

주인 없는 초암은 짐승 소굴 되기 쉽고

주권 잃은 국민은 암흑과 같음이여

한 몸 한 국토 다시 태어나기 어려워

현세에 복을 지어 오는 세상 기대하리.

대선이 막 끝났다. 그와 그 당을 지지한 사람들은 좋아할 수 있다. 그렇다고 그를 선택 안 한 사람일지라도 서운하게 생각할 것도 없지 않는가? 다수의 국민들은 그와 아무런 이해관계가 없기 때문이다.

대선에 나온 사람들의 외침을 들어보면 모두가 살신성인(殺身成仁)이

無主草庵易主雖
失樁百姓如至明
一身一土
作福今生再難遇
待此生

作福今生
一汲梃丙辰

150

다. 오직 국민을 외치기 때문이다. 그렇게 생각하면 그를 선택했든 선택하지 않았든 보통의 국민들은 별문제가 없다. 바란다면 지금처럼 불안한 사회와 불안한 국가를 잘 이끌어주면 되는 것이다.

절에 가면 불상이 있다. 불상은 그냥 형태를 만들어 모시는 게 아니라 불상에 혼을 불어넣는다. 그것이 점안의식(點眼儀式)이다. 그렇게 점안의식을 마친 불상이 영험이 없다면 불상의 가치는 없는 것이다. 그것보다 더욱 중요한 것은 산부처라 할 수 있는 주인이다.

절에서는 주지라 한다. 주지가 온전치 못하면 마치 빈 암자와 같아서 빈 암자는 정상적인 신행활동을 하지 못하는 그것을 짐승들이 들끓는 소굴에 비유를 들었다.

민주주의는 주권국가다. 주권은 국민으로부터 나온다. 그런 주권을 국민이 행사하지 못한다면 마치 등불도 없는 칠흑 같은 세상이 되고 말 거다. 불가에서는 사람의 몸을 그냥 받는 게 아니라 전생에 지은 업에 의해서 받는다. 좋은 몸을 받고 좋은 국토에 태어나는 것은 숙업에 선근을 많이 지었을 때만 가능한 일이다.

그러므로 금생에 이 몸을 받았으니 다시 선근을 많이 짓지 않으면 오는 세상을 기대할 수 없다. 현세에 사람의 몸을 받았으니 비록 현세에 뜻하는 바를 다 이루지 못했을지라도 다음 생을 기대해 선근복덕을 많이 지어야 한다는 것이다.

불가에 몸을 담은 스님들은 죽음을 앞두고 서원하기를 "금생에 도업(道業)을 이루지는 못했으나 차생에는 일찍 출가해서 금생에 못 다 이룬 도업을 성취하리라"는 결기에 찬 발원을 한다.

사바세계(고뇌의 세상, 현 세상)는 잠시 쉬어가는 세상이다. 현세의 삶은 소중하다. 옛 스님들이 남긴 게송을 불자라면 한두 번 들었을 수도 있다.

"이 몸을 금생에 다스리지 못하면 어느 생에 이 몸을 제도 받을 수 있으리오"(此身不向今生度 更待何生度此身) 했다.

요즘 차별 없는 세상을 많이 외친다. 나다 너다, 이것이다 저것이다 정의하는 이분법은 차별을 만들어 낸다. 큰 사찰에 들어서면 사찰의 도량임을 표시하는 일주문이 있고 사찰의 위엄을 지키는 금강문 또는 사천왕문이 있다. 그 두 문을 지나면 불이문(不二門)이 나오는데 불이문은 둘이 아니라는 뜻으로 이해하면 된다. 무엇이 둘이 아닌가? 진리상의 표현으로 받아들이면 양극단을 넘어서 하나라는 의미, 진리는 둘이 아니라는 간략한 의미로 이해할 수도 있지만 좀 더 나아가면 일체의 번뇌를 떨쳐냄으로 구경락(究竟樂) 즉 해탈을 의미한다고 할 수 있다. 나는 이것을 보편적 관점으로 차별 없음으로 본다. 차별은 나누는 데서 시작되기에 나눔이 없는 하나가 되었을 때 진정 차별 없는(無位眞人) 세상이 되지 않을까 하는 생각을 해본다. 🪔

봄을 보내고(送春)

송춘연심무상편 送春然心無常翩
세서성수심뇌신 歲去停誰心惱禪
호취제악논비시 好取除惡論非是
서산적하비안천 西山赤霞飛雁天

봄을 보내고 마음을 의연히 해도 무상함은 어쩔 수 없어
가는 세월 누가 멈출 수 있을까, 그저 마음을 다잡을 뿐
좋다 나쁘다, 옳다 그르다 알쯤이면
서산노을은 붉고 기러기 하늘 높이 날더라.

세월은 흐르는 물과 같다는 말이 새삼스럽진 않으나 막상 봄을 보내고 나니 왠지 모를 허탈감이 든다. 아마 한 해를 시작하는 계절이라 너무 기대가 컸던 것이 아닐까?

인간들의 삶은 계절 따라 오고 계절 따라 간다. 봄이라 할 수 있는 어린

逢春鸟心無常翮鼓去停誰心悟禅
好取除惡論非是西山赤霞飛鹞天
一放翁□

나이에는 꿈만 가득히 가슴에 담아 세월을 기다리는 때라면 청년기는 여름이다. 왕성하다. 마치 풀이 하루가 다르게 무성해지는 것과 같아서 쭉쭉 솟고 뻗는다. 그러나 무성한 만큼 결실은 없다. 또 때를 기다려야 한다.

인생의 중년기는 가을이다. 가을은 결실의 계절이다. 수확은 있으나 잎새가 메말라 가는 과정처럼 영원하지 못하고 무상함이 더해 공허함까지 찾아든다. 이러한 과정은 다음의 봄을 기다리는 인내가 필요하다. 이 인내의 계절이 바로 겨울이다. 겨울은 모든 동식물이 움츠리고 옷을 벗은 벌거숭이가 되지만 이것은 다음을 기대하는 과정이다.

이 인내의 과정에서 다시 봄을 만나는 것이 인간에 있어서는 회춘(回春)이다. 회춘하면 다행이지만 회춘하지 못하면 마치 겨울잠에서 깨어나지 못하는 동식물과 같다. 그러므로 나는 봄을 보내며 무상의 노래를 부르는지 모른다. 이럴 때 수행자인 나로서는 혼미한 마음을 고요히 다잡을 수밖에 뭐가 있겠는가?

우리들 인생길은 멀고 짧다 하지 않던가? 어려선 모르고 성장하고, 청년기는 왕성하지만 좌충우돌하고 많은 사람들에게 짐이 되다가 겨우 세상을 알고 짐을 벗을 쯤이면 마치 서산에 기운 해와 같고 노을과 같아서 점점 슬퍼진다. 같은 노을이라 해도 아침노을과 저녁노을은 다르다. 여기서 나는 우리들 인생이 저물어 감을 저녁노을 하늘 높이 날아가는 기러기에 비유했다.

그렇다고 너무 슬퍼만 해서는 안 된다. 사람 몸을 받기가 얼마나 어려운데 부처님께서도 과거 500세의 연기(緣起)과정 속에는 설산에서 나찰귀의 밥이 될 뻔한 순간도 있었지만 그것을 극복하는 복을 지어 사람의 몸을 받아 부처가 된 것처럼 우리 모두는 엄청 많은 복을 지어서 금생에 사람의 몸을 받아 영장(靈長)의 가치를 알아 기쁨도 느끼고 슬픔도 함께할 수 있는 이 땅에 현존한다는 사실은 엄청난 행운이요, 축복이라 하지 않을 수 없다. 🈷

청산하음(靑山夏吟)

청산청기만 靑山淸氣滿

운집담문수 雲集探聞修

냉기수지토 冷氣垂枝土

정천암반류 淨泉巖盤流

자이지악구 自怡知嶽鳩

인활여운주 人活如運舟

류월수원망 流月誰怨望

편휴불회류 便休不悔留

푸른 산 맑은 기운 가득하니

탐문하는 수양(修養)인이 구름처럼 모이고

청량한 기운은 나뭇가지와 토양 위에 드리워

맑은 샘물은 암반에 흐르더라.

이 기쁨을 큰 산 비둘기는 알까

青山清氣滿
雲集探聞修
凉氣重技土
净泉巖樂流
自怡知嶽鳩
人活如運舟
流目誰怨笙
便休不悔留

青山夏吟
題丙子

인간이 사는 것이 마치 물위에 배를 띄운 것 같아
흘러가는 세월, 누굴 원망할 건가?
잠시 쉬어가는 세상 후회나 남기지 말았으면.

산은 누구나 좋아한다. 산을 좋아하는 이유는 품어주고 안아주고 또한 나뭇가지나 토양에서 나오는 향기가 산을 찾는 모든 중생에게 편안과 안락의 위안이라 할 것이다. 더 나아가면 산을 오를 때 이끼 낀 암반 사이로 흐르는 청량한 샘물 맛은 그 무엇으로 비견하기 어려울 것이다.

오늘 같이 물질만능시대에 돈이면 다 될 것 같아도 청량한 자연의 향기를 어찌 살 수 있단 말인가? 인간이란 순간에서 영원을 판다고 볼 수 있다. 순간적 impact에 그만 모든 것을 건다는 것이다. 더 넓고 더 큰 것을 보기를 마다 한다는 뜻도 된다.

대자연 앞에 인간은 정말 미미하다. 문제는 조금 가지고 있다는 사람 중엔 스스로 오만해서 자연의 순리에 따르기보다는 역행하는 경우가 많다. 우리나라 최고의 부자가 서울 용산에 산다. 그가 가지고 머무는 부지가 천 평이 되지 않는다. 그곳에 비싼 소나무 심고, 암석을 옮겨 꾸미고 또 꾸며본들 대자연 앞에서는 부끄러워 얼굴을 들지 못할 정도가 될 것이다. 그러므로 인간은 자연에 순응하고 살 일이지 자연에 역행하며 살아서는 안 된다.

인간의 삶이란 마치 물위에 배를 띄운 것 같아서, 잠시도 온전히 머물지 못하고 늘 움직이기에 나는 그것을 운명에 비유한다. 그것이 나의 그림에 많이 등장하는 이유가 된다. 그래서 흘러가는 세월은 잠시도 머물지 않는다. 예전 사람들은 무상살귀(無常殺鬼)라고 했다. 무상살귀란 즉 '덧없는 세월'을 뜻한다.

그러니 세상이 무상한 줄 알고 살 뿐 누구를 탓하거나 누구를 원망할 일이 아니다. 불교의 인과(因果) 법칙으로 보면 콩 심은 데 콩이 나는 것 같이, 내가 지은 업에 의하여 현재의 내가 있고 현재의 내가 짓는 업에 따라 앞으로 주어질 운명인 것이다.

인간으로 태어나는 것도 운명의 궤도에서 나온 것이고 인간이 가는 길도 운명의 궤도로 돌아가는 것이다. 사람이 죽으면 그냥 죽었다, 끝났다는 말보다는 '돌아갔다'는 말을 쓰는 데는 그만한 이유가 있다. 돌아간다는 것은 다시 돌아온다는 것을 내포한다 하겠다. 자연의 섭리가 그렇고 현대과학에서도 증명하듯 물질의 시초가 되는 미분자나 원자가 둥글다는 것이다. 그래서 간다고 가는 것이 아니라, 다시 돌아올 것을 기약하는 것이다.

문제는 어떻게 가고 어떻게 오느냐에 있다. 불교적으로 보면 짐승의 몸으로 우리에게 다시 돌아올 수도 있고 사람의 몸을 받아 돌아올 수도 있는 것이다. 사람의 몸도 다 같은 것이 아니라 요즘 쓰는 말로 흙수저로 나오느냐 금수저로 나오느냐인 것이다.

우리가 사는 세상은 잠시 쉬어가는 정도이다. 쉰다는 것은 짧은 인생을 의미하는 것으로, 문제는 어떻게 살다 가느냐? 이것이 문제인 것이다. 그러므로 나는 '후회의 늪을 만들지 말았으면' 하는 바람뿐이다. 🪶

자신을 바로 알고 살자

현금신변약풍번 現今迅變若風幡
범성동거용사혼 凡聖同居龍巳混
극복현시신정립 克服現時身定立
생전불루사등륜 生前不漏死登崙

변화하는 오늘날 빠르기가 바람에 일렁이는 번 같고
범부와 성인이 동거하고 용과 뱀이 섞여 있네
이러한 때를 잘 극복해서 자신을 바로 세우면
생전엔 거리낌이 없고 사후는 곤륜산에 오르리.

세월이란 지나고 보면 참 빠르기도 하다. 세월은 지나고 나서야 알 수 있다. 마치 허공과 같아서 잡으려 해도 잡히지 않고 보려고 해도 볼 수 없는 것이 세월이다. 세월을 불교에서는 무상살귀(無常殺鬼)라 비유한다. 속담에 세월 앞에 장사 없다는 말이 이런 때가 되면 참 실감난다.

162

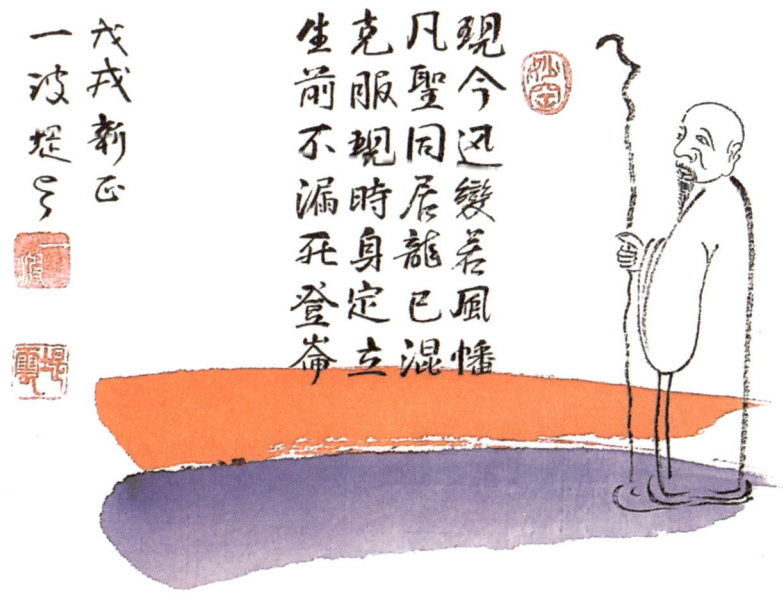

現今迅速若風幡
凡聖同居龍已混
克服現時身定立
生前不漏死登舝

戊戌新正
一波堤？

요즘 같아서는 세월이 왜 이리도 빠르다 느껴지는지, 빠르다는 것은 지금의 시대상이다. 흘러가는 시간이야 예와 지금이 다르지 않다.

문제는 빠르게 변화한다는 데 있다. 보라, 예전 같으면 10년이 지나도 별로 변하지 않았다면 지금은 10년 지나 고향 찾으면 찾기가 어렵다. 이 것이 오늘의 세태다. 마치 바람에 펄럭이는 번 같지 않은가?

과거 같으면 인간사에서 높낮이가 대개 정해져 있다. 글을 많이 읽은 사람을 선비라 부르고 학문이 깊으면 학자 소리를 듣는다. 관에 나아가 면 관료요, 국록을 먹고 지위가 높으면 판서, 정승 소리를 듣는다.

그러던 것이 지금은 무엇이 위고, 무엇이 아래고, 무엇을 좋다 나쁘다 할 수 있는지 정의하기 어렵다. 돈 많은 트럼프가 미국 대통령이 된 현실 도 그렇고 권력의 정점에 있어도 돈 때문에 자리도 명예도 졸지에 떨어 지는 것이 오늘의 현실이다.

예전 같으면 벼슬하면 출세라 했지만 지금은 그런 벼슬이 별 의미가 없는 세상이다. 벼슬보다 더한 직업이 얼마든지 있기 때문이다.

이러한 사회다 보니 범부와 성인이 차별을 떠나 함께 살고, 용과 뱀이 서로 얽혀 있다. 이것은 비유다. 용은 지혜를 상징하는 동물이면서 신분 이 높은 분을 뜻하고 뱀은 예전으로 보면 쌍놈, 천민, 노예 이런 뜻을 가 진다. 바로 이런 것이 오늘 우리 사회다.

그러므로 해서 자칫 자신을 제대로 모르고 자신을 제대로 살피지 않 고 세상과 경쟁한다면 그런 사람들은 실패한 인생이 될 수 있기 때문에 자신을 바로 보고 현실에 적응해야 승리하는 인생이 될 수 있다.

그렇게 될 때 거리낌 없는 삶을 살게 될 것이고 나아가 임종을 앞두고도 슬퍼하고 괴로워하지 않을 수 있다고 본다. 뿐만 아니라 사후에도 생전에 바랐던 천당이든 극락이든 그곳을 향할 수 있으리라는 것을 곤륜산(崑崙山)에 오를 수 있다고 했다.

곤륜산이란 이상세계가 머문 산이기도 하고 또는 이상세계를 향해 승선(乘船)하는 곳이기도 하다. 그곳은 서왕모(西王母)가 사는 곳이며 무릉도원이 있어 영원한 생명을 얻을 수 있는 복숭나무가 있는 곳이기도 하다. 🖌

평창의 불꽃

동계평창화오륜 冬季平昌火五輪
일동남북축고순 一同南北祝高醇
견여상피운하격 犬如象被云何格
진일소망중정민 眞一所望重政民

평창에서는 동계올림픽이 불타고
남북이 하나 되어 축배의 술을 드니
개가 코끼리 가죽을 입는 꼴이니 격식이라 하겠는가?
진실로 통일을 바란다면 정치가 백성을 무겁게 봐야.

지금 우리나라 평창에선 올림픽이 열리고 있다. 다행하게도 하계에
이어 동계마저 열리는 몇 안 되는 나라가 됐다. 이 또한 우리의 국력이라
면 국력이다. 국력을 과시하는 여러 방법이 있겠지만 단연 으뜸가는 행
사가 아닐까 생각한다.

166

冬季平昌火五輪
一同南北祝高醇
大如象被云何格
真一阿望重改民

平昌之火
戊戌正初一波堤子

167

생각하면 축복된 민족이라 하지 않을 수 없겠지만 그 내면으로 들어가면 세계에서 우리나라같이 불행한 나라도 없을 줄 안다. 현재 유일하게 65년을 남과 북이 서로 적대시하며 나누어져있다. 이것은 비극이라 하지 않을 수 없다.

이 비극은 60여 년의 비극만이 아니라 1400여 년 전부터 당(唐)의 조공을 받쳐야 했고 그 뒤로 고려시대에도 몽고의 침략으로 왕이 천도를 했고 조선시대도 임진왜란으로 다시 왕이 천도를 해야 하는 아픔을 가진 민족이다.

그보다 더한 아픔은 우리나라 국민이 세계 정세에 눈을 뜰 시기에 일제시대를 맞게 된 사실이다. 그럼에도 다시 아픔이 이어졌으니 동족간의 전쟁 6·25다 2차 세계대전의 종식을 알리는 1945년 우리는 해방이 되었고 태극기 휘날리며 전 국민이 좋아했건만 불과 5년을 채 넘기지 못하고 동족 간에 전쟁의 아픔을 겪게 되었다. 남과 북은 서로 갈라졌고 몇 겹으로 이어지는 철망과 총으로 서로를 겨누는 엄중한 시대를 우리는 살아가고 있다.

우리의 선조가 죄가 무거워 그런지, 그렇지 않다면 무슨 연유인지 한번 갈라진 남과 북은 좀처럼 좁혀질 기미는 보이지 않고 갈수록 더 멀어지기만 하니 안타까운 마음 금할 수 없다.

남과 북은 핵무기를 만들지 않기로 서로 약속했지만 이 약속은 북으로부터 깨졌다. 이에 세계는 유엔 차원의 엄중한 제재를 가하고 있다. 이런 시점에 우리나라 평창에서는 동계올림픽이 열리고 남과 북이 나란히 한반도 깃발을 들고 입장을 했다. 여기까지는 좋았다. 문제는 화해의 축배를 높이 든 만큼 마치 개가 코끼리 가죽을 입은 꼴이라 격식에 맞지 않다는 것을 바로 알 수 있다.

이렇게 부정적인 국민의 마음을 돌리려 한다면 정치하는 사람들이 사욕을 버리고 민족의 미래를 먼저 생각해야 한다. 이것은 그동안 그래 왔듯이 결코 쉬운 일이 아니다. 북한을 보더라도 김정은이 독립투사도 아니요, 만민을 구제한 영웅도 아니다. 그저 자기의 할아버지 아버지가 물려준 권력을 즐길 뿐이다.

잎으로는 이떠할지 몰라도 지난날을 돌아보면 해방이후 정치인들의 모습은 국리민복은 멀리하고 자신들의 영욕을 위해 모든 일을 아전인수식으로 해왔다. 이것이 이 민족의 슬픈 역사라 하지 않을 수 없다. 당장 우리의 대통령이 북한의 특사를 만나 '비핵화' 한마디 하지 못하는 데는 의지가 부족한 건지 그들의 눈치를 보는 건지 도무지 이해가 가지 않는다. 🎐

3부 연하(戀河)

그리움은 강물처럼

눈 내리는 내장산(雪下內藏山)

설하풍림백내장 雪下楓林白內藏
사소인적애담장 寺消人跡哀墻牆
연임재심무피적 戀任再尋無彼迹
한설서래위아장 寒雪西來爲我腸

단풍 숲에 눈 내리니 내장산이 온통 희고
인적 끊긴 절 담장이 애처로워
임 그리워 다시 찾았지만 임 흔적 없고
서래봉(西來峰) 찬 눈이 나를 위로하는 듯하네.

가을이 오면 온 산이 단풍으로 채색되는 아름다운 내장산은 사람의
발길이 줄을 잇는 명소다. 그런 명소가 지형적으로 눈이 자주 오고 많이
쌓이는 곳이기도 하다. 이러한 환경에 눈이 내리면 발길은 뚝 끊겨 적막
강산(寂寞江山)이 된다. 아직 단풍이 다 떨어지지 않고 가지 끝에 매달려

172

雪下楓林白內
藏寺消
人跡哀
墻壁戀
任再尋
無彼跡
寒雪西
來為我
腸

雪下內藏山
一波怒雲

173

안타까울 때 하얀 눈이 내리면 마치 붉은 얼굴을 살며시 가리고 하얀 솜옷을 입은 임의 모습 같아 보인다.

눈 쌓인 내장사는 사람의 발길은 멀어져 가는데 외로운 풍경소리가 누군가를 부르기라도 하듯 울고, 누가 찾건 말건 늘 그 자리를 지키고 있는 담벼락이 흰 눈을 머리에 이고 있는 그 모습이 애처롭기까지 하다.

내가 과거에 살던 곳이라 다시 찾았다. 눈이 내리고 있었다. 법당 추녀 아래 단청 빛이 유난히 곱게 보였다. 그 시절 눈이 내릴 때면 보이던 임은 보이지 않았다. 자취의 그림자조차 보이지 않네. 다만 멀리 흐릿하게 보이는 눈 쌓인 서래봉만이 나를 위로라도 하듯 나에게 다가섬을 느끼니 돌아서는 발걸음은 찬 눈만큼이나 쓸쓸하다.

생각하면 그 시절이 그립다. 자고 나면 하얀 눈이 내리고 내렸던 그 도량 그 모습은, 지금 생각해도 눈이 시리도록 아름다운 풍경으로 내 가슴에 내재된 꿈과 버무려졌던 그런 순간들이 지금도 아련히 실감난다.

그럴 쯤에 나는 문학에 눈을 뜨기 시작했고 잠을 자야할 시간에 '시론'과 '현대문학의 이해'에 관한 서적들을 읽노라면 눈에 붉게 충혈이 생기는지도 모르고 습작 '시'를 남겼던 기억을 더듬어 본다.

천년의 끈으로 만년의 자욱 되어
젖빛보다 고운 눈
소복한 여인으로 하얗게 다가온다.

큰 법당 추녀에 매달려
울어대는 애잔한 풍경소리
길 잃은 영혼의 알림인가

반 천년 외로운 단풍은
움츠린 채 눈만 내놓고

사람사람이 남기고 간 긴 여운만이
고사(古寺)를 수호하는 병정처럼….

내장사라면 그 뜻이 안으로 감췄다는 뜻이 된다. 서래봉은 서쪽에서 온 산봉우리다. 오래된 사찰이 있는 명산에는 산봉우리마다 불교의 용어가 많이 붙어 있다. 금강산 최고봉이 비로봉이라는 이름을 붙였는데 불교의 청정법신에서 따왔다면 내장산 정상 서래봉은 조사가 서쪽에서 왔다는 뜻으로 달마대사를 의미한다고 할 수 있다. 달마는 단순한 이름을 넘어서 법(法, 진리)을 의미한다. 또 달리 보면 불교는 네팔, 인도인데 그곳이 우리나라에서 보면 서쪽, 혹은 서천(西天)에 해당하기에 불법이 서쪽에서 왔다는 의미도 된다. 🛎

눈 내리는 산에서 연인을 만나다(雪山遇女)

설래지이쌍등파 雪來智異雙登跛

설화미인적나라 雪花美人赤裸裸

상중인연일끽다 相中因緣一喫茶

송타미몽망편아 送她迷夢忘便我

눈 내리는 지리산 쌍계사를 힘들게 오르다

눈꽃처럼 아름다운 여인을 보다

서로가 인연인지 한 잔의 차를 나누었다.

그녀를 보낸 후 정신이 혼미해 잠시 나를 잊은 듯.

눈이 펑펑 내리는 지리산을 향하다 어느 방향으로 가야 노고단을 갈 수 있을까를 생각하다 하동 쌍계사(雙磎寺)가 생각났다. 쌍계사 절 위로 오르면 노고단을 향해 지리산 허리를 타게 된다. 때는 12월 24일, 날은 추웠지만 눈이 많이 내릴 줄은 미처 알지 못하고 쌍계사 절을 향하다가

雪来智
異雙登
跂雪花
美人赤
裸裸相
中因綠
一喫茶
送她迷
夢忘便
我

雪山過夕

一波是雨玄

177

쌍계사를 가까이 두고 더는 갈 수 없다고 판단해 하산을 생각하고 돌아서는 길에 하얀 눈의 요정이 눈에 들어왔다.

나는 수행자다. 여자를 멀리 하고 세속적 삶도 멀리 한다. 하지만 내 앞에 선 여인은 그냥 여자가 아니라 여자이지만 여자를 넘어선 여자 같았다. 깨끗한 용모가 일체의 가식이 없는 순수 인간 같았다. 나는 그런 모습을 적나라(赤裸裸)로 표현했다. 마치 눈에 핀 한 송이 꽃이었고, 하늘에서 내린 선녀라 할지라도 이보다 아름다울 수 있을까?

하얀 눈이 쌓였고 또한 한얀 눈이 펑펑 내리는 산허리에서 서로는 무슨 인연인지 앞서거니 뒤서거니 하다 자연스럽게 함께 산장에 들어섰다. 산장이란 잠도 자고 음식도 먹을 수 있고 차도 파는 곳이다. 산장에는 주인 외에 아무런 손님도 없어보였다. 우선 난로 가에 앉아 서로 몸을 녹이면서 한 잔의 차를 나누었다. 이렇게 고즈넉한 산장에서 잘 알지도 못한 여인이지만 꿈속에서도 보기 힘든 미인을 만나 함께 차를 나누니 행복이라는 단어도 붙이기에는 아까울 정도다.

우린 그렇게 시간을 흘리며 대화를 이어가다 서로의 갈 길에 대해 말을 나누었는데 그 여인은 남원으로 가서 그곳에 있는 콘도에서 잠시 쉴 거라 했다. 나는 계획한 바가 없어 어디로 가야할지 정하지 못하고 있는 동안 그녀는 남원으로 향했다. 문제는 그녀를 보내고 나니 그렇게 보낸 것이 못내 아쉬웠다.

생각해 보면 지금도 아련하기도 하면서도 아찔한 순간을 느낀다. 그녀에게 얼마나 마음을 뺏겼는지 몰라도 그 후 많은 시간이 흘렀고, TV 속에서도 길거리에서도 그렇게 아름다운 여인은 다시 눈에 들어오지 않았다. 지금도 그날 그 순간이 잠시 꿈을 꾸지는 않았을까 하는 생각이 든다.

본시 인간이란 산에 살든 마을에 살든 본능을 벗어나 살 순 없다. 다만 본능으로부터 자유로워지려고 애를 쓸 뿐이다. 그게 마음대로 되는 게 아니다. '본능으로부터의 자유'라는 말은 좀 그럴듯하지 않는가? 그러나 인간은 숙세(宿世)로부터 받은 업이 무거워 그것을 떨치기란 정말로 어렵다. 출가수행자 또한 무단히 애를 쓸 뿐이다. 어떤 사람은 나에게 "스님들이 무슨 걱정이냐?" 하지만 머리를 깎고 사는 것이 쉬운 일이 아니다. 과거 40여 년 전 해인사에 출가를 했을 때 행자가 18명이었다. 이 숫자는 하룻밤 사이에 더 늘기도 하고 줄기도 한다. 그보다는 수계(受戒)까지 가는데 온갖 고통을 인내하면서 갔어도 일 년 정도만 지나면 1/3은 다시 세속으로 컴백한다. 그리고 다시 5년 정도 지나면 또 1/3이 나간다. 그리고 10년이 지나면 70퍼센트는 사라지고 나처럼 수 십 년의 법랍(法臘, 수행 나이)이 이루어질 쯤이면 겨우 5퍼센트만 남게 된다. 물론 취처 등으로 소위 대처승(帶妻僧)도 다 뺀 경우를 말한다.

그러므로 수행자는 늘 수심(修心)을 생각하지 않을 수 없다.

179

전생의 일 알면서부터 뜻을 지켜 진실되게

탐욕을 멀리 하고 정업을 소중히 여긴다

마음의 때를 씻고 온갖 유혹에서 벗어나

자심의 측은지심을 내어 문득 선정(禪定, 세속의 정이 끊어진 고요한 상태)에
든다.

보살의 대비심(大悲心)으로 때론 물속으로 때론 진흙 속으로

마음을 닦는 오늘이라네. 🏮

영일만에서(迎日灣)

종연거주일만방 從緣居住日灣坊
해반유구로철광 海畔遊鷗爐鐵光
모면타향하유이 某面他鄉何有異
오심주처가연향 吾心住處可然鄉

인연 따라 영일만에 머물게 됐다
바닷가에는 갈매기 날고 제철소 용광로엔 불꽃이
낯설은 타향살이 어디 따로 있던가?
내 마음 머무는 그곳이 고향이라네.

구름 따라 물 따라 누더기 한 벌 걸치고 수행한다고 해서 운수납자(雲水衲子)라 한다. 도를 구함에 있어 환경도 중요하고 스승도 구해야 한다. 그러므로 수행승이라 하면 먼저 정처 없이 다니는 인식이 있다. 실제로 수행자는 평생을 여기저기 옮기는데 동안거(冬安居)·하안거(夏安居)가 각

從緣居住日灣
住海畔
逝鷗爐
鐵光某
面他鄉
何有異
吾心住
慶可丝
鄉
迎日灣
一波挺乃氘

182

3개월이다.

우리나라는 사계절이 있는 나라다. 요즘은 형편이 많이 좋아져서 그렇게 중요하게 여기진 않지만 예전에는 추위가 오는 음력 10월 15일 동안거는 따뜻한 남방에서 보내려 하고, 여름의 시작을 앞둔 음력 4월 보름이면 서늘한 북방으로 가서 수행을 하려 했다.

그러나 나는 나이 들고 선원에 입방해서 수행하지는 않는다. 그저 과거에 공부해 오던 공부를 할 뿐이다. 특히나 현재는 참선의 모습을 취하지 않고, 문인승(文人僧)으로 주로 글을 쓴다. 늘 생활과 처소가 안정되지 못하니 어기저기 옮기며 글을 쓰는 처지다.

내가 합천 황매산 자락에서 영일만(포항)으로 온 지도 벌써 일 년 반이다 되어 간다. 세월이 신속하고 무상함을 느끼는 데는 나 자신의 환경만은 아니다. 예부터 권력은 10년을 못 넘는다는 말이 있다. 현 정부 들어 4년도 채 되지 않아서 국정농단 사건이 터졌다. 이어서 가축이 병들어 죽어나간다. AI로 전국의 닭들이 수없이 죽어나가고, 이어서 구제역으로 소·돼지들이 죽어나간다. 그런가 하면 매 주말이면 촛불 집회와 태극기 집회가 온 나라를 뒤흔들고, 국민들은 경제난에 허덕인다.

우리가 살아가는 인간사에 있어 제일로 경계해야할 덕목이 욕심이라고 생각한다. 이 욕심은 결국 자신을 불태우고 혈육을 불태우고 이웃을 불태우고 나아가 나라를 불태우게 된다. 이 무섭다 하지 않겠는가? 이번 국정농단도 모두 사욕 때문에 발생한 일이다. 예전 사람들은 인간의 사욕이 하늘에서 재앙을 내린다고 믿었다.

인간이 제아무리 욕심으로 자신을 채우고 수를 늘리려 해도 백 년 살기가 어렵다. 설사 백 년을 산다고 해도 겨우 살아가는 정도이지 사람다운 삶은 아니다. 그렇다 해도 되돌아보면 모든 것이 순간에 지나지 않고 마치 잠깐의 꿈을 꾼 것 같음을 알 수 있다. 이 얼마나 허망하고 무상한가?

돈을 산더미처럼 쌓아 놓아도 제대로 쓰지 못하고 가는 것이 현실이다. 보라, 우리나라 최고 부자도 나이 썩 많지 않아 병원에서 겨우 목숨을 유지하고 있는 지 몇 년이 흘렀다. 돈이 많다고 먹고 싶은 것 다 먹지 못한다. 마치 중국에서 태어나도 중국 글을 다 알기 어렵고, 중국 땅을 다 밟아 보지 못하고, 중국 음식을 다 먹어보지 못한다는 것과 같다.

이러한 세속적 삶을 보고 체험하노라면 내가 출가해서 살아가는 삶도 아름답고 멋진 삶이라고 스스로를 자위해 본다. 내가 머무는 영일만하면 먼저 풍요를 생각한다. 산과 바다가 있고 비옥한 땅이 있기 때문이다. 동쪽이라 햇살이 먼저 떠서 전국에서 가장 먼저 아침의 희망을 설계하는 곳이기도 하다.

영일만이라 하면 먼저 바다를 떠올리지만 명산과 신령한 계곡이 많다. 신라인이 성지로 운제(雲帝)부인의 성모단(聖母壇)이 있는 운제산(雲梯山)이 있고, 보경사로 유명한 내연산과 소백산의 준령으로 이어지는 칠

보산과 울진 불영사 금강송 군락과 불영사 계곡은 전국에 손에 꼽는 명소다.

　포항에서 영덕, 울진으로 이어지는 해안마을은 어느 지역보다 비옥한 땅이 많다. 바다로는 신라의 문무대왕의 숨결이 느껴지는 문무대왕 수중릉인 대왕암과 토끼꼬리로 많이 알려진 구룡포는 해산물이 풍부해서 전국에서 모여드는 발길이 끊이지 않으니 영일만이야말로 참 멋지고 아름다운 곳이라 하지 않을 수 없다. 🐚

용문산의 겨울을 읊다(龍門冬吟)

용문청기고 龍門淸氣高
선객수무단 禪客修無端
지설안충녀 枝雪顔沖女
고암절적한 孤庵絶迹寒

용문산은 맑은 기운 높고
스님들은 참선에 여념 없어
가지에 매달린 눈은 소녀의 얼굴
고즈넉한 암자 찬 자취 끊어졌네.

용문산이라면 서울에서 동쪽으로 그리 멀지 않은 곳에 있다. 옛 지명은 미지산(彌智山)이다. 미지란 '지혜가 가득하다', '지혜가 퍼져나간다'라는 뜻이 된다. 용문은 용이 드나드는 문이라는 뜻이지만 어디 실제로 용을 본 사람이 있는가? 실제 용이 드나들기보다는 왕이 드나들 때나 왕과

龍門冬吟

龍門清氣高
評容修無端
枝雪顏冲女
孤庵絶述寒

時丁酉年新初
一波慰雲

187

의 관계되는 것들에 많이 붙인다.

그렇게 볼 때 용문산은 태고보우스님(훗날 국사로 추존됨)이 1356년 왕사로 추대되어 양평 용문산 사나사(舍那寺)에서 오래 머문 계기가 용문산이라 쓰지 않았을까 하는 생각을 해볼 수 있고, 또 한 설은 조선 태조 이성계가 용이 날개를 달고 드나드는 산이라 하여 미지산에서 용문산으로 바꿔 불렀다 한다.

아무튼 용문산은 서울에서 벗어나면 동쪽 방향에 위치한 명산임에는 틀림이 없다. 돌이 많고 기암이 빼어나면서 계곡도 수려하고 토양도 좋다. 좋은 토양이란 사람의 피부와 같다. 그러므로 용문산 하면 맑은 물과 향기롭고 맛있는 산나물로 유명하다. 그러한 산자락에 많은 고승들이 머문 흔적이 곳곳에 드러난다.

태고보우 왕사를 비롯하여 "청산은 나를 보고…"로 우리에게 친숙하게 다가오는 고려의 나옹(懶翁)스님이 양주의 회암사와 용문산을 드나든 기록이 있다. 용문산은 봄엔 나물 캐는 아낙네들이 드나들고, 여름엔 청량한 계곡을 찾아 healing 하는 사람들이, 가을은 기암에 매달린 단풍자락에 심취한 알피니스트들이 찾고, 겨울엔 하얀 눈이 온 산을 덮는다. 특히 붉고 푸른(丹靑) 칠을 한 천년의 고찰 용문사의 법당과 전각의 모습은 정말 아름답다.

그뿐만 아니라 천년을 훌쩍 뛰어넘은 신령한 은행나무가 법당 앞마당에 자리 잡고 있다. 그 둘레가 성인 열 사람이 양팔을 벌리고 빙 둘러야 할 정도로 큰 나무다.

　그리고 용문산 정상 아래에 자리 잡은 상원사(上院寺)는 참선을 하는 스님들이 드나드는 용문선원(龍門禪院)이 있다. 선원이라면 어느 선원 할 것 없이 스님들이 목숨을 걸고 수행을 하지만 특히 용문산 상원사 용문선원은 태고보우 왕사께서 당시 상원암 관음보살상 앞에서 12가지 서원을 세웠는데 그 정성이 얼마나 지극하였던지 "지극한 정성은 허파를 걸러 나왔고 눈물이 줄줄 흘렀다"는 기록이 보인다.

　여기에 태고보우스님의 게송을 싣는다.

　　일역부득처 一亦不得處
　　답파가중석 踏破家中石
　　회간몰파적 回看沒破跡
　　간자역이적 看者亦已跡

　　하나도 얻을 것 없는 곳에서
　　집안의 돌을 모두 밟았네.
　　돌아보면 밟은 자취도 없고
　　본다는 것도 이미 고요할 뿐.

　내가 이 글을 실은 이유가 있다면 태고스님의 오도송(悟道頌)으로 보기 때문이다. 이러한 글귀가 나오는 것은 깨달음의 분상이 아니고서는 도저히 나올 수 없다는 생각을 하기 때문이다.

황매산에 올라(登黃梅山)

사등황매두견화 思登黃梅杜鵑花
산녀분홍여무애 賞女粉紅如舞涯
요견청호수영학 遙見靑湖垂影學
빈승불리보회과 貧僧不離步回誇

황매산 오르며 철쭉꽃을 생각하다
연분홍치마 입은 여인 물가에서 춤을 추는 듯하네
아득히 보이는 푸른 호수 무학(無學)의 그림자 드리우고
떨어지지 않는 빈승의 발걸음 쓸쓸히 돌아선다.

황매산 하면 철쭉꽃으로 유명하다. 남쪽 비탈로 오르면 서북쪽 산등성이 연분홍 꽃밭으로 펼쳐져 있고, 남서쪽 병풍처럼 둘러쳐진 기암절벽아래 영암사지(靈巖寺址)가 있다. 영암사지를 처음 답사하는 순간 참아름답고 장엄한 도량이구나 하는 생각이 들었다.

191

思登黃梅杜鵑花裳女粉紅如舞涯
遙見青湖重影学貧僧不離步回誇

登黃梅山 一波堤乃云

나는 일찍이 해인사로 출가해서 동화사·통도사·범어사·법주사 등에서 수행했었고, 사지로는 무학·지공·나옹 화상의 흔적이 묻어 있는 경기도 양주 회암사지, 여주고달사지, 경주 황룡사지, 합천 대병, 무학왕사유허지(無學王師遺墟址) 등을 답사했지만 영암사 만한 사지는 보지 못했다. 도량의 좌향은 남향으로 안정되어 있고, 복원된 석축의 깊은 맛은 미증유(未曾有)의 아름다움이라 해야 할 것이다.

보다 자세히 살펴보면 법당에 오르는 금강계단이 커다란 원석을 계단으로 다듬어졌고 돌사자 석등은 지방문화재로 되어 있는데 법주사 쌍사자 석등(보물)을 능가하는 아름다움이 있고, 특히나 법당이 있었던 기단석에서 어느 절에서도 보지 못한 섬세한 조각그림이 깊은 인상으로 남았다.

나는 2015년도 가을까지 해서 2년에 가깝게 황매산 정상 넘어 동쪽 방향 보림사에 머물게 되었다. 그때 황매산 줄기 서북쪽 무학왕사유허지를 답사하고 글을 남기기도 했다.

다만 내가 기록을 찾아 확인하지는 못했지만 무학왕사가 황매산 어딘가 창건한 절이 있다는데 그곳이 어딘지는 알 수 없지만, 여러 정황으로 보면 현재 발굴조사를 마친 무학왕사유허지가 아닐까 하는 생각을 해본다. 그 이유는 절사지 바위에 새겨진 글씨도 있고, 사지 아랫마을이 왕사 출생지라고 보기 때문이다. 또 다른 출생지라 해도 그곳에서 아래로 내려가면 현재 합천댐 수몰지이니 왕사가 창건한 절이라 믿고 싶은 마음이다.

무학왕사유허지에 올랐을 때는 무성한 여름이라 도량에 잡초가 무성했다. 나는 조심스럽게 풀을 헤치며 도량에 들어서서 앞을 내려다보는데 풍경이 정말 일품이었다. 아득히 바라보이는 호수를 배경으로 악견산(岳堅山) 금성산(金城山)이 소의 두 뿔처럼 솟구친 모습은 정말 아름다웠다. 나의 시에 황매산과 무학대사를 매치시킨 것은 무학이라는 걸출한 고승의 흔적이 있어 더욱 아름다울 수 있기 때문이다. 왕사의 유허지에서 바라보이는 아득한 호수(현재 합천댐)는 무학왕사의 출생지이기에 '시'에 "멀리 바라보이는 푸른 호수에 무학의 그림자 드리우고"라는 글귀가 들어갔다.

합천을 한자로는 '좁은 산골짜기'(陜川)의 뜻을 가진다. 그렇게 쓰는데 가장 잘 어울리는 곳이 합천 대병면(大幷)이 아닐까 한다. 대병면은 서북쪽으로 지리산에서 발현해서 산청을 거쳐 내려오는 경호강의 한 물줄기가 합천 쪽으로 넘어오면서 황매산 골짝 물이 합해져서 황강(黃江)으로 바뀌었다. 그 황강의 물줄기를 모아 합천댐이 만들어졌는데, 댐을 중심으로 대병 오악(五嶽)이 있다. 황매산, 허굴산, 금성산, 악견산, 의령산이다. 이 오악을 끼고 있는 곳들이 협곡이 많아 합천(陜川)이라 불리게 되었다 한다. 🖋

운제산자장암(雲梯山慈藏庵)

제산백조천리망 梯山白鳥千里望

개화수류희롱양 開花水流戱弄楊

자장암전관막경 慈藏庵前觀邈景

강호부월방철광 江湖浮月放鐵光

운제산의 학은 천리를 바라보고

꽃피는 물가 버들이 노래하네.

자장암 뜰 앞 아득한 풍경이 비춰 오는데

강호엔 달이 뜨고 제철소 불빛이 황홀하구려.

과거 30여 년 전 운제산에서 6년을 살아도 발견하지 못한 고즈넉한 암자터를 발견하고는 깜짝 놀라지 않을 수 없었다. 내내 산골로 접어들면서 이런 곳에 은거처를 만들어 살면 좋겠다고 생각을 하던 차라 더욱 기뻤는지 모른다.

梯山白鳥千里望開花水流戲弄楊
慈藏庵前觀邂景江湖浮月放鐵光
丙戌梯山慈藏庵 一汶堤乃玉

운제산은 신라의 성지다. 남해대왕과 그의 부인의 호가 운제(雲帝)에 얽혀 있는 대왕암 성모단(聖母壇)이 있기 때문이다. 뿐만 아니라 삼국유사를 일연(一然)이 오어사(吾魚寺)에 머물며 썼으며, 원효·자장·대안법사 의상까지 모두가 신라의 내로라하는 걸승이 아니던가.

운제산은 그리 높지 않으면서도 명산에 속한다. 특히 신라의 혼이 서려 있는 천년 역사의 숨결이 느껴지는 성지다. 다른 어느 곳에도 찾아볼 수 없는 신라의 고승들이 한 산중에서 함께 수행했다는 사실이다.

천년의 숨결이 느껴지는 사찰이 네 개가 있는데 포항이 동남쪽 기슭에 원효암이 자리잡고 있다. 원효암 위로 오르면 신라 대표적 학승이요, 당나라 지엄(智儼)화상에서 화엄경을 전수 받아 우리나라의 화엄종주가 되는 분이 의상암을 짓고 살았다.

오어사는 절명이 '내고기'에서 비롯되었는데 삼국유사에 원효스님과 대안법사가 계곡에서 고기를 잡아서 노는 이야기에서 비롯한다. 이 오어사는 원효대사의 스승 대안(大安)법사가 머문 절이다. 그리고 오어사 위로 오르면 서북에서 동남으로 내려 보이는 절벽이 병풍처럼 펼쳐져있다. 이 광경을 두고서 여행 칼럼리스트 김인걸 선생은 "금강산의 한 모습 같기도 하고, 부탄 같은 나라에서나 볼 수 있다"고 했다.

자장암은 오래전 나의 20대 시절 살던 곳이라 더욱 실감이 난다. 위의 시구 중에 앞 2행은 내가 자장암 머무는 그 시절이니 지금 생각하면 40

년이 다 되어가는 20대 때 이미 지었다. 그것을 짓기까지는 자장암이 봉우리에 자리 잡고 있는데다 자장암 앞은 그야말로 천길 절벽이다. 이런 풍경에 하루는 하얀 학 한 마리가 천길 절벽 위로 나르는 것을 보고 즉흥으로 지었다. 세월이 많이 지난 지금에 나머지 두 줄을 지어 칠언절구가 되었다.

자장암의 멋진 광경은 산안개가 자욱할 때면 자장암 법당만이 허공에 떠 있게 보여 그야말로 장관이요, 별천지에 온 느낌이 든다. 그러다가 달이 차오르는 밤이면 절벽 아래에 있는 호수에 둥근 달이 물결에 출렁이고, 아득히 동해 바다 고깃배 불빛이 들어오는 가운데 20세기 꽃이라 할 수 있는 철광산업의 핵이 되는 포항제철(POSCO)에서 흘러나오는 용광로 불빛은 정말 황홀하다.

이런 환경이 소문이 나서 현재는 오어사와 운제산을 찾는 사람이 수없이 줄을 잇는다. 시에서 둘레길도 잘 만들어 놓았다. 하지만 내가 예전 이곳에 머물 때에는 전기도 없고 물론 전화도 없었다. 특히 자장암 신도들이 생남불공을 하기 위해 밤에 많이 오는데 재미있는 이야기는 새벽불공을 마치고 하산할 때 절대로 여자를 보지 말라는 것이다. 여자만 보지 않으면 기도가 성취된다는데 과연 그럴까 하는 생각을 하게 한다. 그러나 나의 경험 이야기를 하자면, 하루는 7년간 자식이 없다는 젊은 부부가 와서 기도를 했는데 그날은 눈이 많이 왔다. 밤이 깊어 자정이 가깝도록 이야기와 작은 핸드전축으로 팝송을 듣다가 잠이 들었다. 그리고 새벽에 불공을 하고 그들은 떠났다. 나는 그분들을 보내고 나서 생각하니 조금은 걱정스러웠다. 생남불공이 효험이 있어야겠지만 부부신도에게 염불도 아니고 음악 그것도 팝송을 들려줬으니 말이다. 잘못되면 스님 욕 많이 하겠구나 하는 생각을 하는 중 다행하게도 7년간 아이가 없는 부부가 임신이 되었다는 소식에 엄청 기뻤던 생각이 난다. 🎐

임을 보내고 나서(送任情)

유유형해수 幽幽熒海水
절절송임정 切切送任情
낙일영조인 落日迎朝認
허무생막영 虛無生莫零

바닷물은 그윽하게 반짝이는데
임을 보낸 정 애절하다
해지면 아침을 맞이하지만
삶의 허무는 떨칠 수 없네.

동해 바다가 검고 푸르게 때론 하얗게 반짝인다. 투르게네프의 「사랑의 개가」에서 나오는 "달은 방패모양 둥글고 강물은 뱀처럼 반짝인다"라는 구절이 떠오른다. 마치 바닷물이 뱀 껍질처럼 빛이 나는 것 같고, 청초한 임의 눈망울 같기도 하다.

그대를 보낸 지 얼마였던가? 뱃머리에 머리를 기댄 채 하염없이 흘러
내리는 눈물에 갈매기가 위로라도 해주듯 뱃전 위를 날던 그 시간이 넘
실대는 푸른 바다에 다시 꽃으로 피어난다. 나면 죽고 만나면 헤어지는
것 이것이 인간의 역사이던가? 아무리 사랑하는 임일지라도 함께 마지
막을 할 순 없는 것….

　오늘 저 아득히 넘실대는 바다를 보니 가신 정 애절하구나. "꽃이야
피건 지건 임이 나와 함께 하거늘"(隨意春芳歇 王孫自可留)이라는 왕유(王
維)의 시가 생각난다.

　'해가 지면 다시 뜰 줄 내 모르리오만은 허무한 마음 가실 줄 몰라 하
는' 그날 밤이 몹시도 안타까워… 인간의 행복에 대해 칸트의 사고로
"일하는 보람에서…"라면, 불교에서는 "불붙는 집과 같고, 일체가 모두
괴로움이니라"(猶如火宅 一切皆苦)라고 정의를 하여 고(苦) 없는 세상 이별
없는 세상이 있다면 그대로 극락인 것을….

　나는 돌아 돌아서 내 작은 방에 나의 그림자를 지우기 위해 또 다른
그림자를 만드는지 모른다. 삶은 무엇이 정석이고 무엇이 패착인지, 한
번 가버리면 다시 돌아오지 못할지도, 그래서 서산(西山)은 "만국 도성
개미집이요, 천하 잘났다는 영웅호걸들이 하루살이 초파리에 지나지 않
는다"(萬國都城如蟻屋 千家豪傑若醯鷄)라고 했다. 중국 순치황제 출가 '시'
에 '예부터 내려오는 많은 영웅들, 남북동서 진흙 속에 나란히 누웠네"

라고 (古來多小英雄漢 南北東西臥土泥) 했다.

무엇이 진실이고, 무엇을 향해야 하고, 어디쯤 멈추어야 하나? 짧고 긴 인간의 역사는 작은 흔적 하나 남기고 가는데 그마저도 시간이 지나면 한 잎 바람의 낙엽과 같음을 알 때 우리들 삶이 얼마나 덧없고 허무한가?

인간의 삶이 이토록 무상하고 허무하지만 그렇다고 삶을 아무런 의미 없이 사는 날까지 살다 가겠다는 막연한 생각을 한다면 이 또한 패착된 인생이라 할 것이다. 그것은 사람으로 태어나기가 어렵다. 한번 사람 몸으로 태어났으면 다시 돌아오지 못할 수도 있다고 생각한다면 그냥 세월을 보내서야 되겠는가? 일생을 헛되게 보내면 후회막급(後悔莫及)이라고 고인들이 누누이 말해 왔듯이 우리에게 주어진 시간은 한정되어있다. 이 한정된 시간을 그냥 흘려보내서는 안 된다. 🎐

산 개울(山澗)

공군간세족 共君澗洗足
청랭기신정 淸冷氣新精
창영막명촉 蒼影幕明燭
편망원속정 便忘遠俗情

그대와 함께 산 개울에 발 담그니
차고 맑은 기운 정신을 맑히고
어슴푸레한 초막에 불빛 비춰와
문득 세속의 번뇌를 떨친다네.

우리에겐 산은 언제 찾아도 늘 푸근하고 감싸주는 곳이다. 산은 인간에게 공덕을 나누어주는 공덕의 모태라 할 것이다. 평생 산과 더불어 살아온 산은 내 삶의 그림자와 같아서 늘 함께하는 곳이다. 지금은 산과는 잠시 떨어져 있지만 산은 늘 내 마음속에 머물고 있다.

山間

楚雲

共君閑洗忌
清冷氣新精
蒼影幕明燭
便忘遠俗情

205

산에 가면 산개울이 있다. 산 개울에 발을 담그면 차고 깨끗한 물이 발을 통해 온몸으로 느낌을 준다. 이럴 때 함께하는 사람이 나에겐 도반(道伴)이지만 어떤 사람에겐 벗일 수도 있고 어떤 사람에겐 평생의 동지이자 사랑하는 사이일 수도 있다.

산에 오르고 보면 해가 빨리 진다. 산이 높기 때문이다. 어슴푸레한 어둠이 온 누리에 내려앉을 때 고즈넉한 초막의 작은 봉창으로 불빛이 새어나오는 것을 볼 때면 "산마다 나는 새 자취도 사라지고, 길마다 인적마저 끊어졌네, 적막한 산사는 동승이 잠에 들고…" 하는 시상이 뇌리(腦裏)를 들끓게 한다.

불가에서는 이른 새벽에 목탁을 두드리는데 작은 소리로부터 점차 높은 소리로 이어지고, 종도 그렇게 친다. 이것은 온 누리가 열린다는 뜻이다. 마치 상점에 오픈과 같은 의미이다. 따라서 해질 무렵 저녁 종은 높은 소리에서 점차 작은 소리로 끝을 낸다. 이 뿐만 아니라 이른 새벽에는 본전이라 할 수 있는 대웅전(大雄殿, 부처님이 모셔진 곳)에서 시작하고 저녁에는 상반되게 작은 법당, 지장·관음전 등이 먼저가 된다. 한 산중으로 보면 아침에는 큰 절이 먼저라면 저녁은 암자가 먼저 예불을 한다는 것이다.

이러한 것들의 여러 형태가 단순 종교적으로 볼 수 있지만 보다 자세히 들여 보면 자연의 순환법칙을 따름을 알 수 있다. 🦟

속리산의 밤을 회상하다(回想俗離山夜)

야심속리절인적 夜深俗離絶人跡
교월청송동지탁 皎月靑松童子鐸
계족여인하침상 谿足女人何浸想
산승고뇌기참책 山僧苦惱己慚責

사람 자취 끊어진 속리산의 밤
푸른 솔 교교한 달빛에 동승은 목탁을 두드리고
산 개울에 발 담근 여인 무슨 생각에 잠기는지
고뇌의 산승은 부끄러운 자신을 자책하누나.

속리산은 충북 보은과 경북 상주에 걸쳐 있는 명산이다. 높이가 1058 미터에 문장대(옛 이름 雲藏臺, 구름에 감추어 있다는 뜻)가 있어 더욱 사람의 발길이 잦은 곳이기도 하다. 보은에서 문장대를 들어가는 길목에 법주사가 있다. 신라 의신조사(義信祖師)가 창건한 절이다.

佼深俗離絕人跡皎月青松童子鐸
谿足女人何沸想山僧苦惱己勲責

回想俗離山佼 一波堤雲

208

법주사 하면 법이 머문다(法相)는 뜻으로, 다른 말로 하자면 진리가 상존한다는 말이 된다. 어느 사찰이건 다 진리가 상존한다. 다만 법주사만은 전각(殿閣)의 배치가 법상(法相)이라 한다. 법상이란, 사전적으로 '천지만유의 모양'이라 하는데 간단히 진리의 모양이라고 생각해도 된다.

법주사 일주문의 글귀 '호서제일가람'(湖西第一伽藍)이 말해주듯 호서란 우리가 익히 아는 호남의 반대편에 속한 충남과 충북을 아우르는 말이다. 지금이야 많은 관광지가 개발되고 해외로도 많이 나가지만 40여 년 세월 앞에는 그곳은 많은 사람들이 모이는 대표적 관광지라 할 수 있나.

여름 어느 날 서울에서 조선일보와 서울신문 여기자 둘과 한 분의 기자 모친이 법주사를 찾았다. 때가 한여름이라 무척 더웠다. 그날 하룻밤을 절 객실에서 머무는 까닭에 잠시 계곡을 포행하게 되었다. 계곡이라 하면 일반인들은 문장대 가는 쪽으로만 알고 있지만 일반인의 출입이 금지되는 법주사 절 뒤편 계곡이 참 깨끗하고 좋다. 포행에 나선 우리 일행은 이 계곡으로 들어서게 되었다. 마침 보름밤 달이라 푸른 솔은 검푸르게 보이는데 계곡에 발을 담근 여인들은 잠시 직업적인 일상을 벗어나 마음껏 휴식을 즐긴다 할 수 있다. 무엇보다도 산 개울의 맑고 시원한 순간순간의 느낌이 행복을 느꼈을 것이다.

이 시를 회상이라는 말을 넣어 짓는 데는 그만한 이유가 있다. 당시 물위에 달빛이 어리는 그런 광경에서 두 여인과 나는 즉흥시를 짓기로 했는데 당시 내가 지은 시가 운(韻)이 맞지 않아 지금 다시 짓게 되었다.

산을 두고 '어머니의 품 같다'는 말은 산을 좋아하는 사람들이 많이 한다면, '산 개울은 어머니 젖줄과 같다'고 할 수 있지 않을까? 아무튼 나는 그 시절 법주사 강원(講院)에서 불교 공부를 할 때다. 큰 방에 여러 스님들이 아침마다 강사스님으로부터 강을 듣고, 이후는 복습하고 때가 되면 그 자리에서 밥도 먹고 밤이 깊으면 잠도 잔다. 지금 생각하면 모든 것이 한 공간에서 이루어지는 원 시스템인 셈이다.

공부기간 하루의 일상을 더듬어 보면 새벽 3시에 일어나고 밤 9시가 되면 잠에 든다. 밤 9시에 잠에 든다지만 곧바로 잠이 들긴 쉽지 않다. 밤 9시를 삼경(三更)이라 해서 종을 다섯 망치 친다. 그렇게 취침준비에 들면 9시 반이면 소등을 한다. 절 전체가 암흑으로 빠지는 시간이다. 늦게 공부하고 싶어도 할 순 없지만 예외는 있다. 이불속에서 후레쉬를 비추며 공부하는 스님들 경우다.

그렇게 산사의 하루는 시작되고 또 끝이 난다. 내 나이 20대 초반 절에 산지 얼마 되지 않은 나이라 신심이 투철할 때다. 오직 조사관(祖師關, 조사가 타파한 경지)을 타파한다는 각오로 공부에 세월이 가건 말건 나의 시간은 구도 그 자체에 머물 따름이다. 속세를 떠났으니 세속과의 연결은 완전히 단절되었고 사찰소임을 맡지 않았으니 신도도 대할 일이 없다. 다만 학인으로 밥값은 해야 하니 맡은 소임은 외부에서 들어오는 단체나 개인의 안내를 담당하는 정도이다. 이런 관계로 여기자들과 내가 만났지 않았을까 하는 생각을 해본다.

속세를 떠나 오직 불조의 심인(佛祖心印, 부처와 조사가 마음의 도장을 찍는다는 뜻, 즉 깨달음)을 구하기 위해 시간의 개념도 초월하며 수행하지만 그래도 한창 피어오르는 꽃을 대하니 내 마음에는 번민이 일어났다. 그것이 일시적일지라도 범계(犯戒) 행위에 속한다. 나는 그것이 일시적일지라도 수행인으로서 부끄러워 스스로를 자책했던 순간들이 지금 아련한 옛이야기가 되어 이 글을 쓰게 한다. 🦗

깊은 밤 외로운 암자에서 읊다(深夜孤庵吟)

고암인적멸 孤庵人跡滅

독송동승면 讀誦童僧眠

월수분연토 月受扮妍鵁

조연하익편 遭緣何翼鶣

고즈넉한 암자엔 사람 자취 끊어지고

홀로 독경하던 동승은 그만 잠이 들었네.

달빛에 곱게 화장한 부엉이가

임을 기다리나 날개만 퍼덕이네.

날은 무덥고 시절은 예전같지 않은 이 때 외로운 암자는 더욱 외로워진다. 무엇 때문일까를 생각하면 절이란 불타의 가르침을 수행하는 곳이다. 불타의 가르침이 뭔가? 인간으로 태어나기 힘든 과보를 받아 사람

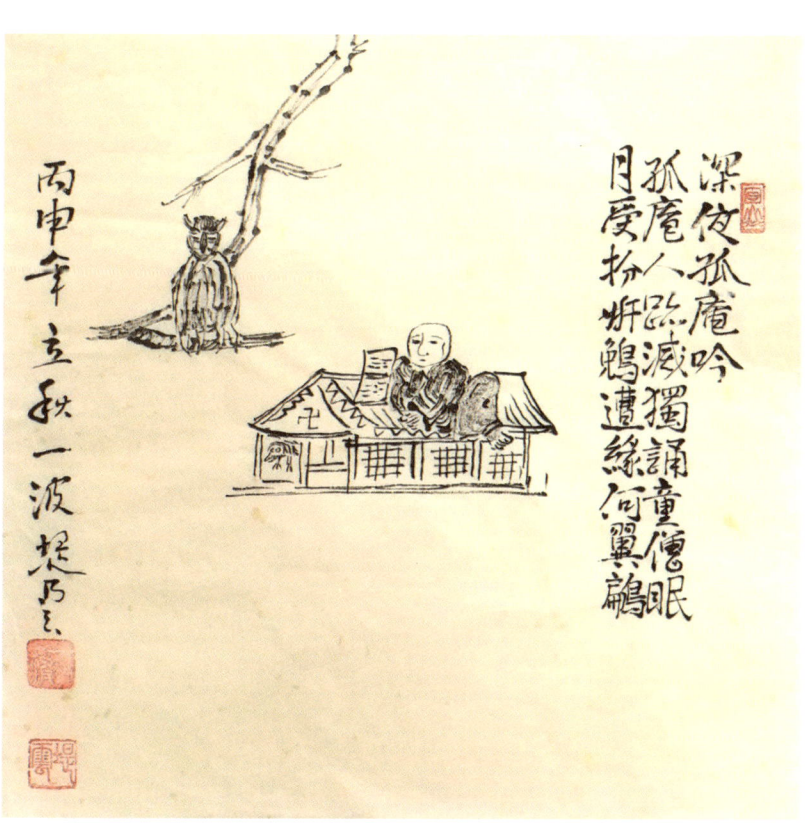

深佼孤庵吟
孤庵人跡滅獨誦童僧眠
月愛扮妍鵤遺緣何翼鶿

丙申年立秋一波題乃玉

의 몸을 받았으니 사람답게 살라는 말씀이다.

부처님께서는 범천신책경(梵天神策經)에 "잘못을 뉘우쳐 악한 마음을 씻어내면 제도 받지 못함이 없느니라" 했다.

그러나 오늘 우리 인간들은 오늘만 살기를 간절히 바라는지도 모른다. 그런 생각을 가지는 것은 인간이 얇고 어리석게만 탓하기에는 지나치지 않을 수 없다. 보라! 오늘 우리 인간사회가 무엇 하나 믿을 것이며, 무엇 하나 의지할 것인가? 사회는 이기심과 개별주의로 흘러가고 어리석은 중생에겐 밝은 안목을 주는 스승이 없으니 어찌 잘못된 인간의 이기심을 탓할 수 있을까? 반문하자면 얼마든지 많이 배운 교육자도 있고 훌륭한 정치인도 있지만 과연 그들이 교육자로 존경을 받지만 존경받을 자격이 있겠으며, 국민·시민 팔아서 명예와 권력을 누리지만 민생을 위해 자신을 버리고 산다고 할 수 있을까?

인간사회가 발달하면 할수록 인간의 심성은 각박해진다는 것이다. 예전 같으면 자연의 환경이 인간에게 욕심이라는 단어를 주지 않았다. 가령 산에 가서 돼지 한 마리를 사냥했다면 그 돼지를 오늘처럼 냉장고가 있어서 보관할 수 있는 것도 아니고 해서 자연히 서로에게 나누고 함께 먹을 수밖에 없었지만, 오늘 우리 환경은 산더미처럼 돈을 쌓아놓는 번거로움 없이도 평생 다 쓰지 못할 부를 가질 수 있다. 이것이 오늘 우리들의 편의성이자 인간이 만들어낸 가치인지도 모른다.

214

이러한 모습이 오늘 우리들 삶이니 먼 미래를 생각하고 살아갈 이유를 망각하게 되는 것이다. 그러해서 고즈넉한 산 암자에 사람의 자취가 끊어지고 적막만 더하는데 다행하게도 수행자에게 동승에게 벗이라도 되는 양 달빛을 받아 곱게 분장한 부엉이가 임을 부르는 소리에 날갯짓까지 하니 적막한 가운데 적막하지 않고 빈산 같아도 빈산이 아닌 고요 속에 향기 가득한 도량이 되지 않을까 하는 생각을 해본다.

부처님께서는 열반경에 "황막한 길에 좋은 우물을 파거나 과일 나무를 심어 좋은 술을 만들어 늘 구걸하는 사람에게 보시를 하면 부동국(不動國)에 태어난다" 했다.

앞서 고즈넉한 산사의 동승을 들고 나오고 적막한 산사를 깨우는 부엉이를 들어 이야기하지만, 진정 고요함은 우리들 마음속에 간직하고 있다. 우리들 마음은 마치 물결과 같다면 바람이 불어서 파도를 일으키는 것과 같다. 파도란 무엇인가? 번뇌다. 번뇌는 누가 만드는가? 결국은 우리들 마음이 만들어 낸다. 우리들 마음이 고요하면 가는 곳마다 머무는 곳마다 고요하고 평화로운데 우리는 그렇지 못하다. 그런 것을 두고 불교에서는 중생에게 삼독(三毒)을 경계하라고 가르친다. 삼독이란, 첫째 탐내는 마음이요, 둘째가 성내는 마음이요, 셋째가 어리석음이다. 이러한 중생심이 우리를 힘들게 한다.

산중에 살면, 도를 닦으면 모든 것이 다 해결해 주리라는 생각도 어리석은 생각인지도 모른다. 있는 그대로를 보라. 붉은 것은 붉은 대로 흰 것은 흰 대로 검은 것은 검은 대로, 이것이 쉬운 것 같아도 쉽지만은 않다. 그 이유가 탐·진·치(貪嗔癡) 삼독 때문이다.

그러해서 마음을 쉬지 못하면 산간도 시끄럽다. 새소리 물소리 바람소리가 그렇다. 그러나 마음을 쉬면 도심(都心)에 살아도 마음이 평온할 수 있다. 🦜

춘심(春深)의 생각

춘심연석탄 春深戀釋誕
도화만연지 桃花滿蓮池
세여인아쟁 世與人我競
빈승락무위 貧僧樂無爲

깊어가는 봄 부처님 탄생이 그리워진다.
복사꽃은 푼푼히 떨어져 연못을 채우고
세상은 너와 나의 다툼이 끊임없어
수행자는 무위(경계를 초월)를 즐긴다.

봄이 깊어 간다. 깊어 가는 봄 참 많은 생각을 하게 한다. 봄은 사계절 중 첫 번째 오는 계절이다. 색은 초록이요, 방향은 동이다. 오늘같이 물질문명이 발달하고 인간성이 혼탁한 때, 늘 생각하는 바지만 변함없이 오고 변함없이 가는 것이 사계절이 아니던가.

봄이 오면 준동하는 모든 생명체는 생기를 찾는다. 얼었던 동토도 풀어지고 움츠리고 굶주리며 참아 왔던 인고의 날은 저만치 두고 무한의 꿈과 행복을 향함은 모든 동식물의 본능이 아닐까?

무엇보다 수행자로서 봄이 깊어 가면 석가모니 부처님 탄생을 생각하게 된다. 석가모니 부처님은 올해로 불기 2562년이 되는데 네팔의 카필라 궁에서 정반왕(淨飯王)과 마야부인을 통해 세상에 출현했다.

당시 네팔의 풍습으로는 결혼한 여인이 잉태를 해서 출산이 가까워지면 친정으로 가서 낳는데 마야부인이 친정으로 가는 길목 룸비니동산에 이르러 태자를 낳게 된다. 태자의 이름은 싯다르다. 훗날 수행을 통해 깨달음을 얻어 깨달은 자, 붓다(佛)가 되었다.

봄날은 불가에서도 큰 경사가 있는 달이지만 우리 사회도 모두가 반기는 계절이다. 하지만 인간세상은 너무도 팍팍해서 마치 봄이지만 봄이 아닌 것 같고, 봄이 왔지만 봄을 느끼지 못하는 이런 현실이 안타깝다고 할 수 있다.

안으로는 국가의 안위와 민초들의 행복을 위해 앞장서야 하는 사람들이 국민 팔고, 시민 팔아서 스스로의 이익과 그들이 속한 무리(당)의 이익을 위해 서로 다투고, 밖으로는 이웃나라 일본을 비롯한 지진으로 많은 인명과 재산을 잃는 아픔을 겪어야 했다. 참으로 슬픈 일이 아닐 수 없다.

그럼에도 봄은 인간에게 희망을 주고 모든 동식물에 복이 되는 계절이다. 인간은 서로 속일지라도 계절은 속이지 않는다는 사실이다. 이 얼마나 다행한 일인가. 만약 인간에게나 동식물에게 봄이 오지 않는다면 그것은 슬픈 이야기가 될 것이다. 슬픈 이야기 정도가 아니라 모든 것이 없다고 할 수 있다. 왜냐면 봄의 시작이 없고서 어찌 결실이나 결과가 있을까보냐?

이제 수행자의 본분으로 돌아가 생각을 해보자. 수행자는 세속적 삶을 초연히 살아가는 것이다. 초연히 산다는 것은 세속적 삶이 아님을 말한다. 세속적 삶이 스스로 개인의 영리와 복을 추구하는 것이라면, 수행자의 삶은 자기를 버리는 데 있다. 자기를 버린다는 것은 스스로 삶보다는 대승(大乘, 큰 수레)적 삶이다. 어떻게 사는 것이 대승의 삶인가는 오늘 같은 우리 사회에 수행자든 종교인이든 자기 몫을 다하고 사는지 다시금 생각해 볼 일이다.

빈승(貧僧)이 가끔 사람을 만날 때 나의 저서를 한 권 주게 되는데 그때 사인을 부탁하면 "마음에서 사람에게 짐 되지 않으면 얼굴에 부끄러울 기색이 없다"(心不負人面無慙色)는 글을 써서 준다. 이 글은 금강경오가해(金剛經五家解)에 나오는 야부(冶父)선사의 게송이다.

사람이 살아가는 것이 정말 어렵다. 어려서는 부모의 보호와 가르침을 받아 살아갈 수 있지만 성인이 되고 점차 사회 책임을 져야 하는 위치에 서면 누가 나를 대신해 주지 않는다. 오직 스스로가 판단해야 한다. 자칫 세속적 욕망 때문에 본인은 물론 가문에 오자를 남길 수도 있다. 그래서 삶을 산다는 것이 마음껏 사는 것 같아도 마치 돌다리를 건너는 것처럼 조심스럽게 살아야 한다. 그럴 때 얼굴에 부끄럼이 적지 않을까? 🏺

나그네 옥계에 이르러(客尋玉溪)

연임심옥계암명 戀任尋玉溪巖暝

불간임구침수정 不看任舊枕漱亭

팔각산영모침수 八角山影暮浸水

전정고객막하령 前程孤客莫何玲

임 그리워 옥계를 찾았지만 암반만 쓸쓸해

찾는 임은 보이지 않고 침수정은 여전한데

팔각산 저문 그림자 물에 잠기고

외로운 나그네 발길 몰라 하노라.

해가 바뀌고 구정을 지나 입춘을 앞둔 우연한 발걸음으로 옥계 계곡을 향했다. 그간 포항에서 영덕을 거쳐 영해를 몇 번 갔는가 하면, 서울에서 오랜 기간 머무는 동안은 강원도 묵호·삼척을 기점으로 자주 왕래도 했고, 가끔은 영해·영덕을 지나 포항까지 가고 오기도 했다.

客尋玉溪　一波堤丙戌

戀任壽玉溪巖瞑不看任舊枕瀨亭
八角山影幕淸水前程孤客莫何岭

영덕 하면 영덕대게, 삼사공원, 동해안 푸른 바다를 연상하는 정도였다. 그렇게 생각하다 어떤 인연으로 영덕에 사는 분을 알게 되었고 자연스럽게 영덕에 대한 관심이 생겼다. 새해 새로운 시상(詩想)을 구한다는 생각에 인터넷 검색을 하다가 옥계(玉溪)와 침수정(枕漱亭)을 알게 되어 계곡을 탐방하기로 했다.

옥계에 발이 닿는 순간 아! 하는 감탄사가 나왔다. 부탄의 타이거네스트의 한 면 같음을 느낄 수도 있고, 삼국지의 적벽부의 한 면도 연상된다. 무엇보다도 청정한 오지라고 보면 된다. 지금은 길이 잘 닦아져서 오지라는 걸 느끼지 않을 수도 있다.

옥계 하면 먼저 떠오르는 것이 옥처럼 맑은 계곡과 고즈넉한 정자 침수정(枕漱亭)이다. 침수라는 말은 베개, 양치 뭐 이런 뜻이다. 한자의 뜻으로 침류수석(枕流漱石)에서 비롯되었다. "흐르는 물을 베개 삼고 돌로 양치를 한다"인데, 진나라 손초라는 사람이 친구 왕계에게 침석수류(枕石漱流)를 본뜻과 다르게 전해져 그렇게 쓰게 되었다 한다.

이 정자의 주인은 광해군 때 경주 양동에 사는 손성을(孫星乙)이라는 분이 세상을 초연하게 살고파서 암각에 "산수의 주인은 손성을이다"(山水主人孫星乙)라는 암각에 글을 새기고 팔각산(八角山)과 옥계에 스스로 주인처럼 살다 갔다.

흐르는 물을 베개 삼으면 어떻고, 바윗돌을 베개 삼으면 어떤가? 그

224

대의 마음이 자연과 계합하느냐? 이것이 중요할 뿐이다. 아무리 감탄사를 연발해도 자연과 계합하지 못하면 자연과 함께할 수 없다.

정자라 하면 사방을 크게 바라보는 사방이 트이고 높은 집 형태의 누각과는 다르다. 그저 고즈넉이 자연에 부합해서 마음을 달래는 정도라 보면 된다. 침수정도 가까이 보면 아주 작다. 오른쪽 앞으로는 거대한 병풍바위가 펼쳐져 있고 조금 틀어 왼쪽으로는 계곡물 흐르는 방향인데 계곡 암반이 거칠고 굴곡이 심하게 요동하는 모양으로 형성되었다. 마치 굵은 주름이 잡힌 도사견 같기도 하다. 마침 겨울이라 계곡이 부분적으로 얼어 있어 햇살에 번쩍이는 것이 뱀 껍질처럼 보이기도 한다. 산 개울은 맑고 투명해서 세속의 진애(塵埃)를 모두 벗은 것 같았다.

여기서 내가 찾으려 했던 '임'은 이 글을 읽는 분의 생각에 맡긴다. 침수정은 옛 모습을 잘 간직했고 정자 위로 멀리 병풍처럼 솟구친 팔각산의 해 저문데, 겨울 나그네는 인적 끊어진 그곳에서 잠시 길을 잃은 양처럼 머뭇거리다가 쓸쓸히 발길을 돌린다. 🌙

용문산음(龍門山吟)

용문종색득편래 龍門從色得便來
계간청풍명조애 鷄澗淸風鳴鳥哀
전각풍종손환객 殿閣風鐘損患客
천년은행구담개 千年銀杏久談開

용문산 빛을 좇아 문득 와보니
산골짝 맑은 바람 새소리 애잔한데
전각의 풍경소리 나그네 근심 덜고
천년의 은행나무 옛이야길 늘어놓네.

수많은 산명 중에 용문은 그 글귀가 가지고 있는 특징이 공통되고 뚜
렷하다. 용이라는 동물은 신성한 영물로서 고대에 실로 존재하였는지
확실하지는 않다. 다만 중국에서부터 우리나라에 이르기까지 전설로서,
또 영물(靈物)로서 신성시되는 상상의 동물이다.

龍門從色得便束谿澗清風鳴鳥哀
殿閣風鐘槓惠客千年銀杏久談開

登龍門山 一波想雲

227

그러하기에 나라에서는 임금을 상징하며, 불가에서는 수호신 및 지혜의 상징으로 여긴다. 하늘을 제석천왕이 다스린다면 용은 그 밑에서 신통을 부리는 신장 역을 한다고 할 수 있다. 또한 하늘과 지혜를 상징하는데, 그에 반하는 지상에서 가장 큰 동물은 코끼리다. 이 코끼리는 행(行)의 상징으로 보현보살(普賢菩薩)을 등에 모시고 있는 것을 절에서 볼 수 있다.

보현보살이 코끼리를 탄 행을 상징한다면 지혜를 상징하는 문수보살은 사자나 용과 함께한다. 용은 절에서 지혜를 상징하지만 일반적으로 등용(登龍)이라 하여 어떤 관문을 들어서는 뜻으로도 많이 쓴다.

또한 용문이라 하면, 용이 드나드는 문을 뜻하기에 용문이라는 지명이나 사명(寺名)을 쓰는 데는 그곳이 무언가 이룰 수 있는 지형학적 여건이 갖추어진 그런 곳에 이름을 붙인다. 그 한 예로 태조 왕건이 삼한통합의 큰 뜻을 품고 남정을 하다 경상북도 예천에 두운선사를 방문하고자 동구에 들어서니 갑자기 바위 위에서 쌍룡이 나타나 절로 인도하게 되었는데 이때 왕건(王建)이 산 이름과 절 이름을 용문사라 부르게 하였다. 하니, 이는 그 산이 그만큼 수려하거나 영험이 있는 도량임을 짐작할 수 있을 뿐 아니라, 용은 임금을 상징하는데 그곳이 삼한을 다스리는 왕이 될 수 있도록 기도하는 마음을 이끌었을 수도 있겠고, 또는 그 산을 다녀오니 삼한 통일의 역사가 잘 이루어졌는지도 모른다.

양평 용문사도 그냥 단순한 용문이 아니라 무엇인가 연결이 되어 용문이 되지 않았을까 생각하게 한다. 용문산의 본 지명은 미지산(彌智山)이다. 미지란, '지혜가 퍼져나간다'는 뜻으로 지혜의 상징인 용을 의미하고 있다. 지형학적으로는 경기도에서는 화악산·명지산에 이어 세 번째 높은 산으로 기암괴석과 고산준령, 수려한 영계(靈溪)를 고루 갖추고 있으며 산의 정상에 올라 앞을 바라보면 서북쪽으로 북한강이 흐르는데, 태백산맥에서 발원하여 600리를 흘러 용문산 오른쪽 자락으로 흐르고, 왼쪽 동남 방향으로 보면 역시 태백산맥에서 발원하여 여주·광주·양평으로 돌아 늘어와서는 북한강과 합수를 이루는데 그곳이 양수리다. 그리하여 그 물이 한강(漢江)이 되어 서해 바다로 들어간다.

용문산을 명산이요, 명당이라고 보는 데는 그것을 상징적으로 보여주는 것이 있으니 '은행나무'다 은행나무가 1100년을 살았다면 이것은 살아 있는 화석이다. 이 은행나무가 유정(有情)이든 무정(無情)이든 한 자리에서 천년 이상을 살았다는 것은 정말로 기이하고 신비할 뿐 무엇으로 평할 수 없다. 식물도 오래 살려면 몇 가지 조건을 갖추어야 하는데 첫째, 좋은 토양이어야 하고, 둘째, 기후 즉, 풍화작용이 좋아야 하며, 세 번째 변란변화(變亂變化)를 잘 이겨내야 한다. 이러한 세 가지가 절묘하게 조화를 이루어야 하는데 바로 이 점 때문에 나는 명당 중에 명당이 바로 용문산 은행나무가 있는 그곳이라고 하는 것이다.

현재 은행나무 바로 위가 용문사 대웅전이고 양 옆에 전각(殿閣)과 요사(寮舍)가 들어서 있다. 천년의 향기가 묻어나오는 도량이다. 은행나무는 나무 높이가 무려 40미터이고 가슴 높이의 줄기 둘레가 14미터다. 설에 의하면 신라가 국운이 기울 때 마의(麻衣)태자가 슬픔을 안고 금강산을 가는 길에 들러 심었다는 것과 신라의 고승 의상(義湘)이 지팡이를 꽂아 둔 것이라는 두 가지 설이 내려온다.

앞서 말한 세 번째에 해당하는 변란이 있었는데, 전쟁이 일어나 사찰이 불타고 산이 다 불에 타도 이 은행나무는 화마를 면했는데, 특히 은행나무 옆에 사천왕전(四天王殿)이 불에 타고부터 사천왕전을 대신해 은행나무를 '천왕목'(天王木)이라 부른다. 또 조선시대, 세종대왕이 정삼품보다 높은 당상직첩(堂上職牒)을 하사하기도 했던 명목이다. 현재는 매년 음력 3월 3일이면 '은행나무 대제'를 지내고 있으며, 나라에 큰 일이 있을 라면 은행나무가 소리를 내어 변고를 알린다고 한다.

용문산을 떠난 지 벌써 5년이 훌쩍 지났다. 누가 그랬던가, 세월은 바람 같고 쏜살같다고. 되돌아보면 정말 금방이라는 걸 느낀다. 용문산에는 선원이 있는 수행도량이 있고, 평생 오직 수행을 벗으로 살고 있는 선사(禪師)가 계시는 곳이기도 하다. 용문선원(龍門禪院)의 선원장인 의정(義正)스님이다. 난 스님과 아주 오래전 함께 수행한 일이 있다. 그의 이름처럼 뜻이 바르다. 그곳에서 나는 5년을 한주(閑主)로 지냈다. 한주라 하면 한가한 듯 주인이라는 다소 묘한 소임이다. 큰 사찰에서나 선원에서 법랍(法臘)이 차면 가지는 소임 중의 하나다. 그곳에서 머물었던 나의 수행

일상이 참 좋았다는 생각이 든다. 주지 소임자, 보인스님과 호산스님의 도움을 많이 받았다. 그런 인연으로 많은 저술을 할 수 있어서 좋았고 심신을 단련할 수 있어 좋았다. 되돌아보면 모든 일들이 감사하지 않음이 없다는 것을 느낀다. 🖋

공산수류화(空山水流花)

공산인절적 空山人絶迹
유수화가화 流水花佳畵
모일빈념적 暮日賓恬寂
하안식애석 何安息哀惜

빈산에 사람 자취 끊어지고
꽃피고 흐르는 물 그림 같아
해 저문 나그네 쓸쓸히
어디서 쉴까 애처로워

　인적 끊어진 산을 빈산이라 한다. 비다, 아니다 판단하는 것은 인간의
시각이다. 산은 여전히 산으로서 자기 자리를 지킨다. 그래서 불가에서
는 주인을 부동(不動)하는 청산에 비유하고, 이에 반하는 나그네는 늘 움
직이는 백운(白雲)에 비유했다.

空山絶人迹　水流花著画　暮日寂何怡　寳安鱼何惜哀

空山水流花　一波堤雨

청산은 늘 그 자리에 있다. 사람이 찾아도 찾지 않아도 그 자리를 지키고, 꽃이 피건 새가 울건 늘 그 자리다. 다만 꽃피고 새가 울지 않는 산은 산이 아니고, 물이 흐르지 않아도 산이랄 수 있을까? 산은 움직이지 않고 자리를 지키지만 산이라는 그 자체가 바로 생명이다.

나는 이런 산을 구도가 잘 짜여진 아름다운 그림에 비유했다. 이러한 그림일지라도 해 저물면 그림도 없고 마치 길 잃은 나그네처럼 쓸쓸하다.

예전 20대 초반 젊은 시절 강원도 방향으로 많이 다녔다. 그러던 중 소백산을 넘다 눈보라를 맞았다. 요즘 같으면 그 흔한 패딩점퍼라도 입고 넘었겠지만 당시로는 그런 점퍼를 입을 수 없었다. 설사 시중에 있다 해도 전혀 수입이 없는 수행자에겐 그림의 떡일 뿐이다.

겨울이라 아직은 이른 시간 같은데 산중인데다 눈보라까지 휘날리니 어찌나 춥던지 낡은 누더기 깃을 머리 위로 올려 얼굴을 감싸고 눈만 빼꼼히 내민 채 산중턱을 넘었던 생각이 난다. 지금 생각해도 그 시절이니 그런 행위가 가능하지 않았을까?

춥고 배고픔을 이기며 풍기 읍내에 들어가 절을 찾으니 어느 비구니(比丘尼, 348계를 받은 청정한 여승)회상이었다. 객승을 보고 첫 마디가 "이곳은 처소가 다르니 잠을 재워줄 수는 없고 밖에서 자고 오면 아침은 드리겠습니다." 이 말을 듣고 어쩔 수 없이 그냥 발길을 돌렸던 기억이 난다. 그렇게 만행을 할 때면 늘 배는 고프고 몸은 지친다. 특히 해질 무렵 마을에서 피어오르는 저녁연기는 아직 수행이 무르익지 않은 어린 나이에는 감내하기가 쉽지 않다.

출가 수행자는 고행을 낙으로 받아들여야 하는지 모른다. 인연을 좇아 발길을 옮기고 산 빛을 좇아 물길을 따라가다 보면 허기지고 지칠 때가 많다. 강원도 정선 동면 화암리 불암사에 살다가 떠날 때 주머니에 돈 500원을 가지고 남쪽으로 가려는데 어떻게 가야 할까를 궁구하다 형편상 버스를 타고 남쪽 방향으로 가기는 어려웠다. 그런 고민을 하던 중에 별어곡(別於谷)억이 생각났다. 그곳은 현재 내가 선 자리가 정선 동면인데 별어곡은 남면에 속해 있다. 골똘히 생각하다가 산을 넘어가기로 했다.

별어곡역은 이름만큼 골이 깊고 산세 또한 험준하다. 돈이 있어도 그곳을 가려면 버스를 몇 번 타야 하고 시간도 꽤 걸리는 곳이다. 나는 그곳을 향해 산 고개를 넘고 또 넘어 별어곡역에 도착할 수 있었다. 얼마를 기다리다 기차를 탔다. 가진 것이 없으니 배가 고파도 참아가면서 춘양까지 갈 수 있었다. 남쪽으로 가려면 춘양을 지나 더 멀리 표를 끊어야 하겠지만 500원으로는 춘양까지 갈 수밖에 없었다. 막상 춘양역에 내려서도 배가 고파도 돈이 없어 못 사먹고 얻어먹는 준비도 되지 않아 힘들었다.

어떻게 해야 할까를 생각하다 가까운 절을 찾기로 했다. 하지만 춘양 읍내는 들어갈 만한 절이 없었다. 읍내를 빙빙 돌다 한 곳에 물으니 20리나 떨어진 곳에 각화사가 있다는 말을 들었다. 그해 겨울 엄청 추웠고 배도 고프고 밤도 깊어 갈길 모르는 운수납자(雲水衲子) 신세가 애처롭게 느껴졌던 그 시절이 오늘 허허롭게 생각이 난다. 🔖

심추산객(深秋山客)

심추수여락산순 深秋誰與樂山醇

인적단산신우인 人跡斷山新雨湮

산객취가영중조 山客醉歌詠衆鳥

화산객취구용빈 花山客醉懼容嚬

깊어가는 가을 누구와 함께 산주를 즐기나

인적 끊어진 산은 새 비에 젖는데

산인이 취해 노래하면 뭇 새도 울고

산꽃은 취한 산인에게 얼굴을 찌푸리지 않을까

가을이 깊어간다. 가을이 깊어지면 추석(秋夕, 가을저녁)이 도래한다. 추석은 "더도 말고 덜도 말고 이 가을 같아라"고 사람들은 말한다. 가을은 결실의 계절이니 먹을 것도 풍족하고 날씨도 춥지도 덥지도 않은 이 계절을 사람들은 좋아한다.

深秋淮興樂山醇

人跡斷山新雨湮

山客醉歌詠柔鳥

花山客醉懼容頣

深秋山客

丁酉年秋夕 堤雲

농심(農心)으로 돌아가 보자. 잘 익은 곡식과 열매를 얻기 위해 시간을 아끼며 땀으로 일궈낸 결실을 바라보는 농심은 분명 흐뭇할 것이다. 그러나 산을 오르는 알피니스트가 정상을 향할 때 마음은 희망차고 설렘이 있다. 막상 정상을 밟고 돌아설 때 다 놓고 다 버리고 떠나는 허전함 그런 것이 농심이 아닐까?

그래서 깊어가는 이 가을은 정상을 정복하고 더 나아갈 수 없는 알피니스트의 마음처럼 왠지 모를 허탈함이 마치 서늘한 바람이 옷깃을 타고 들어오는 것처럼 그렇다.

나는 이 글에서 산객(山客)의 심정을 말한다. 산객이란 주로 산에서 사는 사람을 말한다. 다른 말로 산인(山人)으로 나 자신을 포함한 모든 산인, 산 사람 등이 이에 포함된다.

산에 사는 사람은 가을을 심취(心醉)한다. 심취란 마음이 취한다는 뜻으로 술에 취하고픈 마음인지도 모른다. 술이란 홀로 마시면 독작(獨酌)이라 한다. 독작도 고즈넉이 좋겠지만 조금은 쓸쓸하지 않을까? 그래서 술은 누군가 함께해야 진정 술맛이 난다. 술이 들어가면 취기가 오르고 취기가 오르면 회포(懷抱)를 푼다. 회포란 마음속에 쌓인 응어리다. 그런 술자리에 시인이라면 인생을 시로 읊고, 묵객(墨客)이라면 먹물로 인생의 흔적을 남긴다.

나는 산에서 고즈넉이 많이 살아서 느끼지만 홀로 차 한 잔을 할 때면 눈앞에 가지런히 서있는 나무들이 눈에 들어온다. 나무는 생명력을 지

녔지만 누구에게도 무엇을 부탁하거나 신세타령 같은 건 하지 않는다. 그런 모습들이 사람에 비유한다면 심지가 굳고 절개(節槪)가 있는 선비처럼 보일 수도 있다.

그런가 하면 나르는 새들은 종종 소리를 낸다. 그 소리가 어느 때는 아름다운 곡조로, 어느 때는 구슬픈 울음으로 들린다. 그러해서 산에 사는 사람들은 한 잔의 술을 마시고 한 곡조 시를 읊거나 노래를 하면 새들도 그에 맞춰 흥을 돋는 듯 울어댄다.

산이란 인간을 품어주는 모태와도 같다. 늘 그 자리를 지키며 인간들에게 정화된 공기를 주는가 하면 산에 핀 꽃은 아름답게 활짝 핀 얼굴로 우리를 대한다. 다만 산인이 술에 취한 모습을 아름답게 웃고 있는 꽃에 행여 얼굴을 찌푸리게 하지는 않을까 하는 조바심이 인다.

술이 술인 줄 제대로 알고 먹으면 삼천세계가 모두 내 집이요, 보이는 모든 물질은 비로자나부처(三千世界是我家 見見物物是毘盧)인 것을. 이에 반하여 술이 술인 줄 모르고 마시면 가는 곳곳이 경계요 장애(行行處處碍境界)가 된다. 이렇게 말하면 나도 너도 다 알고 마신다 하겠지만 알고 마시는 것과 모르고 마시는 것은 자신을 바로 보고 사는 것과 자신을 바로 보지 못하고 사는 차이라 할 것이다.

예전 중국에 두 고승의 편지를 보면 현랑(玄郎, 673~754)선사가 영가(永嘉~712)선사에게.

"움푹 파인 바위에 먼지를 털고 앉았노라면 푸른 소나무 밝은 달이 연못에 드러나고 멀리 가까이 원숭이의 긴 휘파람소리 들려오는데… 세상은 서로 다투고… 생략" 이런 곳에 와서 함께 수행하면 어떻겠느냐 하는 편지를 보냈다. 이에 영가선사가 답하길

"도를 보고 산을 잊으면 인간세상이 고요하지만, 산을 보고 도를 잊으면 산중이 오히려 시끄럽다"(見道忘山者人間亦寂也 見山忘道者山中乃喧也) 했다. 이 말은 산에 살면서 도를 모르고 살면 산중살이 가치가 없다 할 것이고, 산에서 산주를 마시되 산주를 모르고 마시면 오히려 산주가 독이 될 수 있다는 내용과 같다 할 짓이다. 🐇

*비로자나불(毘盧遮那佛) 부처의 몸에 나오는 빛과 지혜의 빛이 세상에 두루 비춰 가득하다는 뜻으로 진리의 법신, 즉 부처의 본체.

고향 그리워(戀戀故鄉)

모년엄설객고주 暮年嚴雪客孤州

정국무유적일수 政國無有積日愁

멱모처오심고국 覓某處吾心故國

진진찰찰소래류 塵塵利利所來流

해 저문 겨울 외로운 고을 나그네

정부나 나라는 있는 듯 없는 듯 근심한데

내 마음의 고향은 어디에?

험한 세상 희망마저 흘러 보내야 하나.

되돌아보면 한 해가 순간이었다는 걸 새삼 느낀다. 언제나 그렇게 가고 그렇게 돌아오는 한 해이지만 올겨울은 유난히도 추운 것을 느낀다. 춥다는 것이 형이하학(形而下學)적 판단으로 느끼면 얼마나 좋으련만 내가 느끼고 다른 사람들이 느끼는 추위는 단순한 추위가 아니다.

242

暮年嚴客孤雲　州政　國無　有積　日愁　貢某　庚吾　心故　園　塵麈　利利　所　未流

悠悠故鄉
一波堤石

243

어느덧 흰 수염 어루만지는 나이가 되었지만 겉은 멀쩡한데 안으로 슬픔이 넘치는 이런 해는 처음 맞는다. 겉이 멀쩡하다는 것은 나라가 외래로부터 침공을 당하거나 안으로 내란이 일어난 것이 아니다라는 뜻이고, 안으로 슬픔이 넘친다는 것은 온 국민의 열광과 지지에 대통령을 선출하지 않았나? 그런 대통령을 거꾸로 다수의 국민들이 분노하고 허탈해 하는 이런 날들에서 오늘을 사는 우리 모두는 어찌 슬프다 하지 않을 수 있겠는가?

나는 글을 쓰는 문인승(文人僧)으로 누누이 밝힌 사실이지만 한 나라가 바로 설 수 있고, 한 나라가 부강하기 위해서는 좋은 지도자를 만나야 한다는 것이다. 좋은 지도자란 백성이 믿고 따라서 백성들의 삶에 근심이 없다면 이것이 제대로 된 국가이기 때문이다.

우리나라에 헌법이 제정된 지도 반세기가 훌쩍 넘었고 삼권분립도 따라서 시행되었다. 지금쯤이면 삼권분립이 자리 잡고 민주주의도 제대로 실현되어야겠지만 우리나라 국민 다수는 그렇게 생각하지 않는다.

아! 슬프다. 무엇이 우리를 이토록 슬프게 하나, 나라가 있어도 있는 것 같지 않고, 정부가 있어도 정부에 대한 믿음이 없으니 오늘 같은 현실에서는 진정 내 마음의 고향은 어디에 있는가? 험한 세상 희망마저 저 흘러가는 물에 떠내려 보내야 하나(塵塵利利所來流)…

다시 일어서자! 금강경오가해(金剛經五家解)에 보면 "과거의 마음 얻을 수 없고, 현재의 마음도 얻을 수 없고, 미래의 마음도 얻을 수 없다"(過去心不可得 現在心不可得 未來心不可得)고 했다. 과거는 이미 지나가 버렸고, 현재라지만 순간순간 변화 하고 미래는 아직 오지 않았으니⋯

이미 엎질러진 물 담을 수 없듯 지나간 과거에 얽매이기보다는 오진 않았지만 그래도 내일에 희망을 걸어야 한다. 희망은 영원한 것이고, 희망은 늘 샘솟는 물과 같아서 희망을 가슴에 품고 있는 한 아무리 추운 엄동설한일지라도 능히 극복할 수 있으리라 믿는다. 미국의 오바마 대통령이 남긴 명언 "그래, 우린 할 수 있어" Yes we can처럼. 🏺

성탄 전에 부쳐

천상천하존귀인간 天上天下尊貴人間

원원이탐진치삼독 願遠離貪嗔痴三毒

천상천하에 인간의 존귀함이여
원컨대 탐진치 삼독을 멀리하게 하옵소서.

한 해가 저물었다. 다사다난한 일들이 참 많이도 일어났다. 그런 사건들이 인간의 가치에 부응하는 일이라면 얼마나 좋으련만 불행히도 그렇지 못하다.

오늘(23일) KBS 미디어를 통해 수녀들의 삶을 목격할 수 있었다. 수녀란 공식적으로는 성직자라 하지 않는다. 그저 수행을 일삼아 티끌세상 어려운 이웃(아동 등)을 도우며 기도하며 산다.

수녀들의 삶을 화면을 통해 보면서 많은 생각을 하게 한다. "가난하게 살아야 가난한 사람에게 쉽게 다가간다"는 말이 새삼스러운 말은 아니

天上天下
尊貴人間
願遠離貪
瞋癡三毒

丁酉年冬至後
毛峰一波坡記

지만 수행자의 한 사람으로 다시금 마음을 가다듬게 한다.

인간의 가치는 무엇이며 그 가치의 끝은 어디란 말인가?

무상(無常)하다는 말은 불가에서 많이 쓰지만 오늘의 불교 성직자들이 무상을 제대로 알고 수행하는지 묻고 싶다. 무상을 제대로 안다면 잠간의 시간도 놓쳐서는 안 될 철저한 자기수행이 따라야 한다.

무상이란 시간과 공간의 영원성이 없다는 말이다.(덧없는 세월, 덧없는 물질세계) 그래서 황벽스님은 "티끌세상 고난을 벗어나기가 쉽지 않다"(塵勞逈脫事非常)고 했다.

누구는 스스로를 속이며 욕심이 하늘에 닿고, 누구는 스스로의 고난을 감내하면서 자신보다 더 어려운 이웃을 위해 불나비가 끝내 불에 타 죽는 것처럼 그렇게 자신을 마감한다.

묻는다, 무엇이 진실이고 무엇이 거짓인가?

지금도 우리 이웃의 누군가는 무상을 넘어 허무(虛無, 세상을 비관하고 세상의 모든 것이 진실되게 보지 못하는 것)에 빠져 고귀한 생명을 던지려 하는지 모른다. 물질도 명예도 잘살고 못사는 것을 넘어 우리 사회가 인간을 사랑하는 인간애가 넘쳐나는 사회가 되었으면 한다. 모두들 왜 이리도 성급한지 한번 망가진 터전은 다시 원상을 찾기 어려운데 잠시 살다가 갈 것을 내가 아니면 못한다는 자기 강박에 빠져 들쑤시고 파헤치려고만 한다.

나 아니라도 세상은 자연의 질서에 의해 자연스럽게 도태되고 살아

나고 하는데 짧다면 짧은 것이 우리들 인생이거늘 자신과 미래를 제대로 보지 못하고 눈앞에 이익을 쫓으니 인간들의 욕심과 어리석음이 가히 하늘에 닿는다는 생각이 든다.

분명한 것은 세상을 바로 보는 사람이 적다는 것이다. 적다는 말은 어리석은 중생(貪嗔痴)이 그만큼 많다는 뜻이다.

천상천하 불보살이시여!

마음이 가난한 사람에겐 마음의 평화를 물질이 가난한 사람에게 물질 풍요를 주옵소서.

나무석가모니불

나무관세음보살

나무대원본존지장보살

이 글은 성탄절을 앞두고 천사 같은 수녀님들에게 바친다.

가을의 쓸쓸함을 읊다(秋苦吟)

초충추익공 草蟲秋益空
산우색청홍 山雨色靑紅
거월유무주 去月臾無住
상수마강옹 霜鬚摩慷翁

풀벌레의 가을은 쓸쓸함 더하고
산비는 푸르름 붉게 물들이네.
가는 세월 잠시도 멈출 수 없으니
흰 수염 매만지는 늙음이 서글프다.

사계절중 가을을 으뜸으로 치는 것은 결실의 계절이기 때문이다. 그
런 계절이 가을인데 가을이라 하면 결실을 하는데도 불구하고 왠지 모
를 허탈함에 빠지기도 하는 계절이다.

농부는 녹음방초 싱그러움도 잊은 채 땀 흘리며 일궈낸 결실이라 보

草蟲秋益空 山雨色青紅
去月更無住 霜鬚摩慷翁

秋若吟
一波怒正

람도 있겠지만 한편으로는 늘 돌보고 마음 썼던 논밭 두렁의 발걸음을 끊는다는 것을 생각하면, 편하고 좋을 것 같지만 가을걷이를 마친 농부는 갈바람만큼 허전함이 찾아온다.

가을은 산도들도 그 빛이 따뜻하고 화려한 계절이다. 들에는 온통 노란빛깔이 물결처럼 바람에 일렁이고 산에는 짙푸른 녹음이 붉게 물들어 가니 이 어찌 아름답고 황홀한 계절이 아니겠는가?

특히 산비가 내릴 때면 붉게 물든 나뭇잎이 더욱 붉게 타오르는 아름답고 멋진 계절이지만 한편으로는 메말라가는 나뭇잎을 보면서 쓸쓸하다는 생각을 일으킨다. 누가 가는 세월을 멈출 수 있을까? 절에서 스님들이 공부하는 치문(緇門)에 보면 "무상한 살귀가 한 생각도 머물지 않고, 목숨도 연장할 수 없으며, 때도 기다려주지 않는다. 인간계와 천계, 삼유에 이를 면하긴 어렵다.(無常殺鬼 念念不停 命不可延 時不可待 人天三有 應未免之) 했다.

가는 세월에 흰 수염 매만지면서 덧없이 흘러가는 세월 앞에 인생은 늙어간다. 이 어찌 슬프다 하지 않겠는가? 어릴 때는 엄마, 엄마 부르면서 엄마가 없으면 살 수 없다는 생각을 하다가 나이가 들면서 이성에 눈을 뜰 때면 엄마는 늙는다.

어릴 때 따르고 의지했던 엄마는 가고 없고 그저 나를 낳아준 부모정도로 여기고 만다. 이런 생각도 가을이라는 계절이 더욱 실감을 더하게 한다. 아! 깊어가는 가을이여 허전하고 쓸쓸하기가 첫사랑을 보내는 마음처럼 그런 가을이어라.

가을은 추석이라는 명절이 있다. 추석은 설과 함께 기리는 큰 명절이다. 이 명절이 그 어느 명절보다 소중히 다가오는 것은 조상을 생각할 수 있기 때문이다. 햇곡식으로 정갈한 음식을 만들어 조상에 예를 올릴 수 있기 때문이고 또한 산소를 돌보기 때문이다. 이렇듯 좋은 계절이면서도 먼저 간 조상을 생각하기에 가을은 인생에 있어 행복을 가득안기는 계절이기도 하지만 한편으로는 누군가 남긴 긴 독백의 쓸쓸함을 쓸어야 하는 그런 마음이 가을이 아닌가 생각을 한다.

또 다른 의미를 생각한다면 가을은 다시 가을을 맞이하기 위해서는 모든 것이 공(空)으로 돌아가는 춥고 어둡고 암울한 겨울을 지나야 하고, 겨울을 무사히 지냈더라도 봄에 싹을 틔어야 하고, 그리고 무탈하게 잘 자라야 가을을 맞는 것처럼 우리 인생도 공으로 돌아가는 자연의 법칙만큼 긴 기다림의 다리를 넘어야 한다. 슬프다 가을이여, 그대는 진정 이 가을이 행복한가? 🎐

* 무상살귀 : 덧없는 세월.
* 삼유 : 삼계(三界 천계, 지계, 인계)

4부 방하착(方下着)

집착으로부터 해방

새로운 시작을 위해

과시부재래기망 過時不再來其忘
매인설한심토향 梅忍雪寒甚吐香
행불행유분일념 幸不幸唯分一念
부용니중여주방 芙蓉泥中如珠芳

지난 시간은 다시 돌아오지 않아 그만 잊게
설한을 견딘 매화가 깊은 향기를 낸다네
행복과 불행은 한 생각이 가르고
진흙에서 핀 연꽃이 진주처럼 아름답다.

돌아보면 '벌써'라는 말을 많이 쓰는 계절이 12월 이맘때다. 벌써라는 말의 배경에는 '미처 생각지 못했는데…'라는 의미가 있다. 그만큼 시간은 잠시도 지체하지 않고 가기만 한다.

살다보면 정말로 시간을 붙잡고 싶은 순간이 많다. 특히 사랑하는 연

過時不再來其忘梅忍雪甚吐香
幸勿輩惟分一念芙蓉泥中如珠芳

為新作
丁酉冬至节
一波堤云

257

인이 함께하는 시간은 왜 이리도 짧은지… 가버린 시간을 아쉬워하거나 한탄만 해선 안 된다. 다시 새 마음 새 뜻으로 새롭게 한 해를 설계해야 한다.

한 해를 잘산 사람은 한 해를 미리 설계한 사람이고, 한 해를 그르친 사람은 미리 설계하지 못한 사람이다. 오늘같이 인생의 파고(波高)가 심할 때가 있었을까 하는 생각이 든다. 중년의 나이를 넘어서는 사람이라면 누구나 IMF시절을 잊지 않을 것이다. 그나마 예정보다 빠르게 극복할 수 있었던 것은 우리가 가진 능력이 잠시 흐트러져 있던 것을 정리만 하면 될 수 있었기 때문인지도 모른다.

그러나 앞으로 우리에게 다가오는 파고는 어쩜 IMF 때보다 더한 시련이 올지도 모른다. 다만 인간은 어떤 환경이든 잘 적응할 수 있는 생명체이기에 그런 시련이 온다면 또 다시 극복을 하겠지만 생각해 보라, 병든 환자를 치료함에 있어 달랑 생명만 건졌다면 다행이면서도 불행이라 할 것이다. 환자가 원상에 가깝게 회복한다면 더 다행한 일이 아니겠는가?

매화는 이른 봄에 피고 그 향기가 짙고 그윽해서 그 어느 꽃보다 사랑받는다. 그렇게 사랑받기까지는 추위가 뼈에 사무치는 아픔을 견뎌낼 수 있었기에 그런 사랑을 받게 된다. 또한 연꽃은 더러운 진흙에서 핀 꽃이라 그 자태와 향기가 더 아름답게 느껴지기도 한다. 진흙은 불교에서 진토(塵土, 험한 세상)에 비유된다.

연꽃이 더러운 진흙에서 아름답게 자신을 승화한 것처럼 우리 인생도 고난을 이겨낸 인생이야말로 아름답고 향기로운 연꽃처럼 그렇게 되지 않을까?

잘 사느냐 못사느냐, 행복한가 불행한가? 이 모두는 오직 한 생각을 어디에 두느냐에 달려 있다. 가령 산해진미를 눈앞에 두고서도 이거 먹어도 어차피 똥이 된다는 그런 생각을 한다면 산해진미가 아닐 뿐 아니라 그런 생각으로 먹는다 해도 결코 맛있는 음식이 되지 못한다.

그러므로 인생은 주어진 환경을 알고 헤쳐 나가는 것이지, 이것이다 저것이다 하는 정석은 없다. 주어진 환경이란 내가 처한 환경을 말한다. 가령 이웃집 아이가 머리도 좋고 어쩌다 좋은 대학을 갔다 해서 그것을 무조건 좇아가는 것보다는 스스로 가진 재능을 십분 발휘하면 된다.

한 해가 저물었다. 경쟁심에 불타서 1퍼센트 가능성에 목을 매지 말고 문제지를 풀어 가듯 그렇게 풀어 간다면 새해에는 반드시 결실이 있는 한 해가 되리라 확신한다. 🖊

그대여 집착을 내려놓게(放下着)

본난생력주 本難生力住
심취추고석 心醉秋顧昔
부이권무구 富利權無久
구탐방하착 求貪放下着

본시 세상은 나오기도 어렵지만 사는 것도 힘들어
심취한 가을에 지난날 돌아보면
부와 명리 권력은 오래가지 못하니
구하고 탐하는 집착을 내려놓게.

인간의 삶은 고금과 별반 다르지 않다. 오늘같이 물질풍요 속에 사는 사람들이 과거에 살았던 사람들의 삶을 더듬어보면 그런 환경에서 어떻게 살았을까 하는 탄식이 나오기도 한다.

모든 동식물은 환경에 적응한다. 생존을 위해 적응할 수밖에 없는지

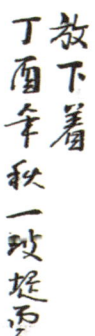

事難坐力住
心醉秋顧昔
富利權無久
求貪放下著

放下著
丁酉年秋一玻堤丙寫

도 모른다. 비도 안 내리고 물도 거의 없는 사막에서도 적응해서 살고 북극이나 남극 같은 극심한 추위에도 견디며 산다. 인간은 그 어떤 환경에서도 적응할 수 있는 능력이 있다.

살기 좋은 환경은 살기 좋은 대로 살아가고, 살기 어려운 환경에는 어려운 대로 대처하며 산다. 과거 천년이 넘는 신라시대 원효스님은 "살기를 싫어해도 죽는 것도 어렵고, 죽지 않으려 해도 사는 것도 힘이 든다"(莫生兮其死也苦 莫死兮其生也苦) 했다.

불가에서는 사람으로 태어나는 것이 큰 다행으로 여긴다. 목련경(目連經)을 보면 목련존자 어머니가 죽어 개의 몸을 받아 똥을 먹으며 왕사성(王舍城)을 돌아다니면서 고통 받는 것을 목련의 간청으로 구제해 주는 내용이 나온다. 부처님께서도 설산에서 고행할 때 나찰(羅刹, 공중으로 날아다니며 사람을 잡아먹는 귀신)에게 몸을 던지는 구법망구(求法亡軀)의 오백 세 인연이 있어 부처가 될 수 있었다.

오늘 같은 문명국가는 화려하고 풍요롭지만 너무 각박해서 여분이 없다. 세상에 나와 얼마 안 돼 걷기 시작할 때면 이미 교육이 시작된다. 그러한 성장기를 거쳐 사회 일원이 되었지만 서로의 영역을 넘보고 서로가 영역을 지키려는 다툼을 한다. 인간은 본시 영리하면서 욕심도 많다. 그 욕심이 스스로를 가두기도 한다.

불교에선 모든 고통이 집착에서 온다고 했다. 이 집착을 벗어나기 위해서는 8가지 정도(八正道)를 제시한다. 이것은 불가의 가르침일 뿐 범인

(凡人)은 이 집착이 고통이 되는 줄 잘 모른다. 설사 고통인 줄 알아도 이 집착에서 벗어나려 하지 않는다. 마치 불나방이 불에서 놀다가 불에 타서 죽는 것처럼 말이다.

서산대사는 그의 시 관동행에서 "흥망(興亡)은 가버린 기러기와 같다" 했다. 기러기가 하늘 높이 날면 아무런 자취가 없는 것처럼 결국 가지거나 않거나 모든 것은 무상하고 공으로 돌아간다는 그런 교훈이 아닐까?

법구경에도 "구함이 있으면 괴롭고 구함이 없으면 즐겁다"(有求皆苦無求乃樂) 했다. 인간은 워낙 집착을 좋아하다 보니 집착으로 패가망신하는 일이 연일 뉴스를 달군다. 예로부터 권력은 무상했고 부귀영화도 잠깐이라 했다. 부귀와 영화를 향해 치닫다 보면 자신을 잃게 된다. 자신을 잃는다는 것이 자신을 돌아보지 못하고 자신을 바로 알지 못하고 산다는 것이다. 가난한 사람은 부만 갖추면 모든 것이 행복할 것이라는 믿음을 가지지만 막상 부를 얻고 나면 또 다른 욕망을 채우지 못해 괴로워한다. 이것이 우리의 인생이다.

가을이 깊어가고 한 해도 이제 얼마 남지 않은 이 시점에 적폐청산은 현재형이다. 권력도 무상하고 치부도 사람들의 주시를 받는다. 이제부터라도 권력과 치부의 집착으로부터 해방되어 보다 자유로운 삶을 영위하면 어떨까? 예전에 불교신문 편집국장이 수덕사에 조실로 계시는 혜암 스님에게 생사(生死)의 괴로움이 무엇이냐고 물었다. 큰스님은 "수미산

방하착하라"(須彌山放下着) 했다. 수미산은 불교의 우주관인데 이것을 놓으라 하는 것은 기자가 묻는 생사관뿐 아니라 모든 것을 놓으라는 뜻으로 봐야 한다. 🔖

인성(人性)의 고향을 그리며

호천인성불귀향 好川人性不歸鄉
심사신도불일상 尋寺信徒不日常
자성맹인거여락 自性盲人居與樂
어유산악무원양 魚遊山岳舞猿洋

산천은 좋은데 인성은 그렇지 못하고
절 찾는 신도는 예전같지 않네.
자성에 맹인 되어 동거동락 하니
산봉우리에 물고기 놀고 원숭이는 바다에서 춤을 춘다.

인생이란 덧없는 시간 속으로 여행하는 나그네다. 금강경에 "과거의
마음도, 현재의 마음도, 미래의 마음도 얻을 수 없다" 했다.(過去心不可得
現在心不可得 未來心不可得) 과거의 마음은 지나갔고, 현재의 마음도 지나
고 있고, 미래의 마음은 아직 오지 않았다.

好川人性不帰郷
尋奇信徒不日常
自性盲人居共樂
魚遊山岳舞猿浮

丁酉年立冬
一波堤而云

266

그러해서 우리에게 시간은 무상한 살귀(殺鬼)와도 같다. 위산대원선사(僞山大圓禪師) 경책에 "생각 생각이 빨라서 한 찰나간 숨 한 번 돌리면 곧 다음 생이다" 했다.

나는 젊은 시절 20대 중반부터 해마다 도래하는 여름이면 10년을 넘게 삼척에 있는 무릉계곡을 지나 두타산(頭陀山)과 청옥산(靑玉山)을 올랐다. 오늘 나 자신을 돌아보면 그곳을 다시 오를 수 있을까를 생각하면 인생의 적멸(寂滅) 그곳을 향해 참 많이 가고 있구나 하는 생각을 하게 된다.

산천은 예와 지금이 크게 다르지 않는 데 비해 우리들 인간의 성품은 인간이 가지고 있는 내적 선(善)의 고향에 돌아가지 못한다는 생각을 한다. 물론 환경의 영향을 많이 받고 사는 것이 현실이다. 경쟁사회, 물질만능사회, 대량살상 무기를 만들고 보유하는 이런 현실을 이해하건 말건 인간의 성품은 점점 각박해지고 있다.

이렇게 각박한 사회에 소금이 되는 것이 종교다. 종교도 시대의 변천을 따라가지 못하는 종교는 점차 도태될 수밖에 없다. 우리의 불교가 그렇다. 이런 현상이 첫째는 시대의 변천으로 본다. 그렇게 보는 이유는 인간의 가치가 점차 문명화가 되기 때문이다.

과학이 발달함으로 그 무엇도 실체를 숨길 수 없을 정도로 적나라하게 드러나고 알 수 있는 시대에 살고 있기 때문이고, 또 하나는 불교 성직자들의 자질이 시대에 부응하지 못한다. 다 알다시피 현재 불교종단은 수백 개에 이른다. 신고만 하면 인가되는 종단에 승려의 신분도 그렇게 신고하면 되는 세상이다. 이런 현상이 다 그렇다고는 않겠지만 세속에서 바라보는 오늘의 불교 현주소는 그렇게 보고 있다는 사실이다. 일찍이 출가해서 생사를 넘어서는 공부를 구하겠다고 한 생을 보낸 납자로서 오늘의 불교현실이 참담할 뿐이다.

가톨릭의 나라 영국은 이미 성당을 개조해서 마켓이나 창고로 쓴 지가 오래고, 프랑스는 태어날 때와 죽을 때 신부의 도움을 받을 정도로만 성당을 인식할 정도다. 호주도 개신교를 거의 안 믿을 정도고 우리에게 잘 알려진 실존주의(實存主義) 창시자 키에르케골Kierkegaard의 나라 덴마크도 우리나라의 교회처럼 열심히 다니지도 헌금을 내지도 않는다고 한다.

나의 시구(句) 끝 절에 물고기가 산봉우리에서 놀고 원숭이는 바다에서 춤을 춘다는 것으로 이 시를 마무리 했다. 물고기는 바다에 사는 것이고 원숭이는 산에서 나무를 타면서 사는 것이 이치고 순리지만 이것을 거꾸로 표현한 것은 역설(逆說)이다. 불교적으로는 격외(格外)로서 선승들이 선문답을 할 때 많이 쓰기도 한다.

이렇게 역설적 표현을 하는 것은 절간에 사는 수행자가 제대로 수행하지 않고 시주물이나 정부의 정책지원금으로 호의호식하는 것을 빗댄 글이다. 물론 다 그렇지는 않다. 주지승을 사판승(事判僧)이라 하고 참선

등 공부하는 스님들을 이판승(理判僧)이라 하는데 지금 이 순간도 오직 깨달음을 얻기 위해 백척간두(百尺竿頭)에서 진일보하는 정신으로 수행하는 이판승들도 많다는 사실이다. 🏮

모든 것은 공으로 돌아가는 것을(諸歸本空)

무지사바자주공 無知娑婆自主空

일생외외노아중 一生外外勞我中

편사거거하처아 便思去去何處我

현현물물지시공 顯顯物物知是空

세상의 주인이 스스로인 줄 알지 못하고

일생을 밖으로만 나를 찾다

문득 생각하니 내가 가고 있는 곳이 어디인가

물물이 뚜렷해도 본시 공으로 돌아가는 것을.

처음 보는 세상은 좋다 나쁘다는 것을 알지 못하고 부모의 도움으로
점차 세상의 빛깔과 좋고 나쁨을 알다가 제 발로 걷기 시작할 때가 되면
탐심이 생기기 시작한다. 탐심이 생기는 것은 그냥 단순한 욕심이 아니

一生外外
勞我中
便思去去
何處我
題題物物
知思空

無知娑婆
自主公

諸歸本空

想丙戌

271

라 사물을 대할 때 분별할 줄 알아서 자기의 즐거움도 알고 상대의 고통도 알게 된다.

점차 이성에 눈을 뜨게 되면 눈앞의 현상만 인정하고 그 너머 현상은 받아들이려 하지 않는다. 그것이 아직 인간으로서 성숙하지 못한 상태이기 때문이다. 그러다 자립을 하면서 세상을 깔보기도 하고 세상의 장벽에 막혀 고통도 느끼게 된다.

그래도 아직은 누군가를 의지하고 누군가를 원망하며 세상을 경험한다. 그런 경험을 통해 자신을 되돌아보게 되는데 그럴 쯤 자신이 슬퍼지고, 세상의 외톨이는 오직 자신뿐인 것처럼 세상을 원망하고 세상을 향해 항변한다. 이것이 인생의 청년기다.

진정으로 세상은 좋고 나쁘다 단정할 수 없다. 마치 바람이 불면 물결이 일고 바람이 자면 물결이 지는 것처럼 내가 성숙한 정신으로 세상을 대하면 세상은 나에게 성숙하게 다가오고 내가 세상을 흔들면 세상이 흔들리는 것이 아니라, 스스로가 흔들리게 된다. 이것이 동서양의 모든 인간들의 생활법칙이다.

북극 시베리아에 사는 사람도 자연의 환경에 스스로 적응하고, 열대지방에 사는 사람은 그 환경에 적응해서 살아간다. 스스로가 세상의 주인으로 생각하면 주인이 되지만, 나그네라는 생각을 하면 나그네 신세를 면치 못한다. 마치 어느 길을 걷는 수행자가 점심때가 되어 길에서 떡을 파는 노파에게 떡을 좀 주시오 하니 노파가 "스님! 어떤 마음에서 점심을 드시려 하오?" 하니 스님은 바로 대답을 하지 못했다. 그 스님은 호가 덕산(德山)으로 금강경(金剛經)의 대가 소리를 듣는 분이다. 노파가 단단히 수행자를 실험했다.

금강경에 보면 "과거의 마음도 얻을 수 없고, 현재의 마음도, 미래의 마음도 얻을 수 없다"(過去心不可得 現在心不可得 未來心不可得) 했다. 과거란 가버린 시간이요, 현재라 하면 현재는 지나가고 있고, 미래는 아직 오지 않았으니 삼세불가득(三世不可得)이다.

"여러분은 어떤 마음에서 점심(點心)을 하려는가?" 불가에서는 한 생각을 중시 여긴다. "한 생각 일으키지 않으면 그 자리가 부처의 자리고, 한 생각 일으키면 중생이다"라고 보는 것이 불교이다.

그래서 세상의 주인공이 되느냐 집시 같은 나그네가 되느냐 하는 것은 우리들 한 생각에 달렸다 할 것이다. 현 세상은 혼돈시대라 할 수 있다. 부족함이 없이 넘치는 가운데 부족함을 느끼게 되고, 아름답고 감탄하는 가운데 서글픔을 느끼고, 부족함이 없이 잘 산다고 여기면서도 왠지 굶주리는 것과 같은 그런 느낌으로 살아간다.

좋게 생각하면 난세영웅 정도를 생각해볼 순 있겠지만 현실은 차갑고 냉엄하다. 과거에는 없어도 살 수 있었지만 지금은 그렇지 못하다. 이것이 우리에게 주어진 과제라 하지 않을 수 없다. 이러한 세상을 살아가는 우리들이 어떻게 세상을 수승(殊勝)하게 살 것인지? 🪷

무욕에 대하여

일생무욕유운풍 一生無慾遊雲風
무애거래월활종 無碍去來越活終
수복인간불왕구 壽福人間不往久
백년생고여사몽 百年生顧如乍夢

일생을 무욕으로 바람에 구름처럼 산다면
오가는 데 걸림 없고 생사도 뛰어넘는다.
인간에게 주어진 명과 복은 영원하지 못해
백년 인생 돌아보면 잠깐의 꿈이로세.

인간의 삶이란 욕심으로 차 있다. 세상에 나올 때 빈손으로 왔다고 하지만 늘 손에 가득 채워지길 바라는 것이 인간이다. 욕심이 무조건 나쁘다 라고는 보지 않는다. 인간의 욕심은 삶의 모멘텀Momentum이 되기 때문이다.

274

一生無愁逍雲風
無得去來越治終
壽福人向不往久
百年生願如乍夢

275

그러나 과욕이 문제다. 이 세상을 살아가면서 과욕은 아닐지라도 부귀영화 싫어할 사람 없는 것처럼 인간은 늘 욕심으로 가득 차 있다. 이러한 욕심을 던져버리고자 출가를 해서 승려(僧侶)가 되기도 하고 자연에 계합해서 산중의 사람으로 살아가는 사람들도 있다. 그러한 삶이 그들에게는 행복이라 여기기 때문이다.

그렇게 살아가는 사람들도 대개는 욕심을 버리지 않고 있다. 산중인은 산에서 특별한 것을 구하려는 또 하나의 모멘텀을 만든다. 이것이 욕심이다. 출가를 해서 머리를 깎을 적 마음은 욕심을 던진 것처럼 보이다가 시간이 점차 흘러 그곳에 자리 때가 묻게 되면 다시 욕심이 되살아나는 것이 인간이다.

인간의 욕심은 끝이 없고 그 욕심이 인(因)이 되어 윤회를 하고 사람 몸까지 받았으니 이 욕심을 져버리는 것은 참으로 어렵다 하지 않을 수 없다.

우리들이 흔히 무욕이라는 말을 한다. 무욕이란 어디까지 정의를 내리긴 쉽지 않다. 다만 인간의 필요한 만큼을 넘어서는 정도라 하면 어떨까? 나는 이 무욕에서 '바람에 구름처럼 살아간다면' 모든 경계도 사라지고 나아가 삶과 죽음을 초월한다고 본다.

경계가 사라진다는 것은 인간의 욕심으로 이루어진 경계이기에 이 욕심이 사라지면 경계 또한 사라진다는 것이고 나아가 생사를 초월한다는 것은 죽음 앞에 두려워하지 않는다는 말이다.

인간은 아무리 영리해도 자신의 문제를 다 해결하지 못한다. 그리고 아무리 많은 부와 명예를 갖춰도 역시 다 해결하지 못한다. 우리에게 잘 알려진 행복전도사라 칭했던 분도 자신의 문제를 해결하지 못하고 삶을 중도에 포기했다. 근세 유럽의 실존주의(實存主義)를 내세웠던 카뮈도 죽음 앞에선 두려워했다. 인간의 이상(理想)이 아무리 발달해도 자신의 일을 해결할 수 없고 죽음 앞에선 두려움이 생기는 것이 인생이다.

요즘 사람들 오래 살려고 운동을 열심히 하지만 오래 살 수 없고, 죽음을 피할 순 없다. 운동하여 오래 산다면 운동선수이 수명이 제일 길어야 하지만 그렇지 못하다. 그나마 산중에서 무욕에 가깝게 사는 사람들이 좀 더 오래 사는 정도이다. 또한 조선시대 대감 정승 소리 듣는 이들의 안부인들은 늘 한복 차림으로 곱게 단장만 하고 산다. 힘들고 저급한 일은 하인들의 몫이다. 거의 움직이지 않고 살았지만 그들은 그들 영감보다 오래 살았다.

그러므로 인간의 명과 복은 영원할 수 없고, 백년 인생도 되돌아보면 한낱 꿈을 꾸는 것 같은 순간에 지나지 않는 이것이 우리 인생이다. 그러니 무엇을 욕심내어 탐할 것이며 무엇을 더 채우려 힘을 쓸 것인가? 바람에 실린 구름처럼 여유롭게 살 순 없을까? 🏺

마음이란(心)

군심심유심하경 君心心有尋何境
본시심명무형명 本是心名無形名
심변여원지가술 心變如猿枝可術
령광불매부단영 靈光不昧不斷永

그대여 마음 마음 하는 그 마음 어느 곳에 있는고
본시 마음이라는 것 이름일 뿐 형체도 잡을 수도 없나니
마음은 변덕쟁이 나뭇가지 위 원숭이 같은 것
신령한 빛은 어둡지 않아서 영원하다네.

달마대사의 혈맥론(血脈論)에 "마음 마음 마음 찾기 어렵구나"(心心心
難可尋)했다. 또한 "이것이 너그럽기로는 법계에 가득하지만(寬時偏法界)
좁기로는 바늘구멍만큼도 허용되지 않는다"(窄也不用鍼) 했다.

유마경에서는 "마음은 안에도 있지 않고 밖에도 있지 않으며 가운데

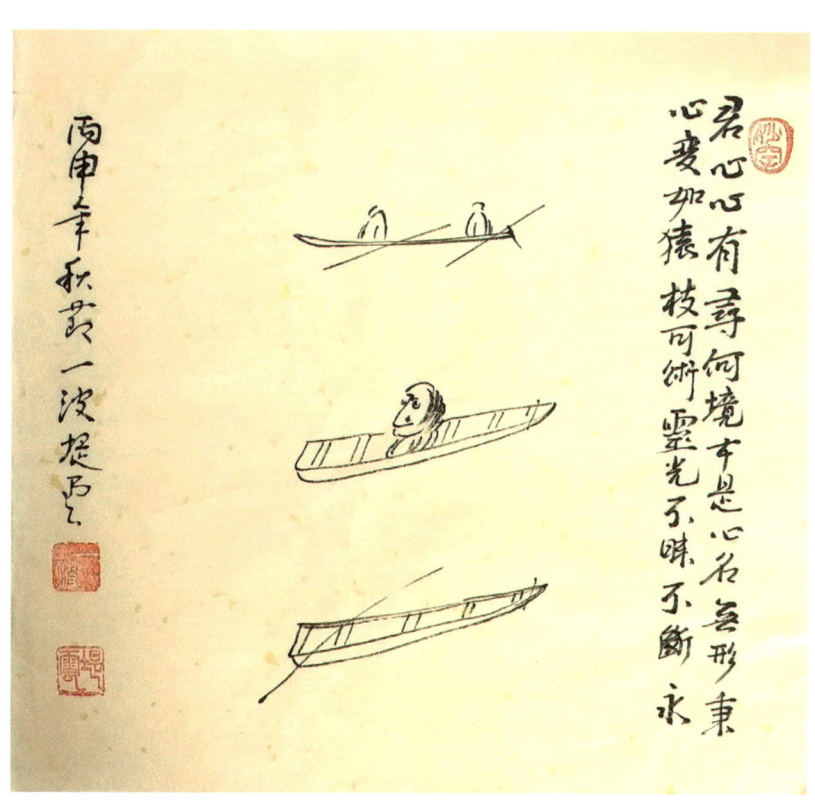

君心心有尋何境中是心名無形東
心猿如猿枝可欹靈光不昧不斷永

丙申之年秋黃一波拋禿

279

도 있지 않다" 했다. 이러한 것이 마음이라 한다면 그렇게 표현하는 것 또한 이름으로 대신할 뿐 진정 마음이란 형체도 없고 잡으려 해도 잡을 수 없는 것이 마음이다.

그렇다고 마음이 없다고도 할 수 없다. 이것은 아주 신령해서 예부터 내려옴이 끊임이 없어 밝기로는 태양 같고, 어둡기로는 칠흑 같다. 이것을 때론 자성(自性)을 대신하기도 하고 마치 부처와 같다(如佛不異)고 표현한다. 그런가 하면 이것은 변덕쟁이로서 나뭇가지에서 재간을 부리는 원숭이에 비유되기도 한다. 이것을 이름 하여 마음이라 한다.

유마경에 보면 마음의 모습은 공(空)한 것이어서 환술(幻術)로 만들어 낸 현상 같으니 보리심(菩提心, 바른 깨달음으로 부처의 지혜를 구하는 마음)도 없고, 성문심(聲聞心, 부처님의 가르침을 듣고 깨닫고자 하는 마음)도 없다 했다.

과거 청도 도솔암(청도읍의 남쪽 화악산)을 얻어 살 때다. 하루는 해가 질 무렵 저녁예불 시간이 되어 법당에 들어가려다 도솔암 신도를 대하고는 "보살님, 예불시간이니 법당에 들어가시지요?" 하니 신도가 말하길 "스님! 저는 이미 마음으로 다 했습니다" 했다. 나는 순간 할(喝, 고함으로 꾸짖다)을 하고팠지만 참았다. 참는 뜻은 고함의 뜻을 이해하기 전에 먼저 진심(瞋心, 성냄)부터 일으킬 테니… 허허 그러하니 이 마음이란 무엇이며 마음의 정의는 무엇인가 스스로 반문해 본다.

마음을 안다는 것은 자신을 안다는 것이고, 자신을 안다는 것은 곧 깨달음이다. 이러니 마음을 안다는 것, 마음을 얻는다는 것 모두 쉬운 일이 아니다. 그래서 불가에서 마음을 알기 위해 참선의 화두로 "이뭐꼬"라는 화두(話頭)를 들고 맹렬히 자신과 싸움을 하는데 싸움을 정면으로 할 수도 있고, 측면으로 할 수도 있고, 때론 한 발짝 물러나 싸울 수도 있다.

이렇게 자기와의 싸움을 유리하게 해나가는 방법 중의 하나가 하심(下心)이다. 하심이란 마음을 내려놓는다는 것으로 마음을 쉬지 않고서는 깨달음을 얻을 수 없다. 생각해 보라, 출가한 사람이 세속의 집착을 버리지 않았는데 깨달음이 구해질 것인가? 깨달음을 구하려면 먼저 세속의 때를 벗어야 한다. 이것이 바로 하심이다.

달마대사가 소림굴에서 9년을 면벽을 하고 있을 때에 그의 소식을 듣고 신광(神光)이라는 젊은 수행자가 찾아왔다. 그는 달마대사를 친견하기 위해 눈이 내리는 밤을 굴 밖에서 추위와 싸우며 그의 친견을 기다린 끝에 친견을 하게 된다. 그는 찾아온 뜻을 밝히고는 자신의 불안한 마음을 말했다.

그의 말을 들은 달마대사가 곧 그 불안한 마음을 가져오라 했다. 그러자 신광이 불안한 마음을 찾게 되는데, 본시 마음이란 형체도 잡을 수도 없는 것, 결국 찾지 못했다고 전하니 그때 달마대사가 "내가 너에게 편안한 마음을 줬노라" 했다. 이 말에 신광이 크게 깨닫게 되었다. 🀫

곤하면 자고 주리면 먹는다(勞睡食飢)

문여조철이통기 問余祖徹已通畿

절소능로수식기 絶所能勞睡食飢

재차문공하물위 再此問空何勿謂

운홍일갈벽공비 雲鴻一喝碧空飛

나에게 조사관을 뚫었느냐 묻는다면 경계를 이미 넘었느니

경계가 없으니 곤하면 자고 주리면 먹는다.

다시 물어 와도 텅 비었거늘 무엇을 이르고 말 것인가

구름 속 기러기 외마디소리 지르며 하늘 높이 나르네.

　　조사관(祖師關)은 조사관문을 뜻한다. 참선수행 납자(衲子)는 이런 경지를 단박에 넘어서야 깨달음을 얻을 수 있다. 이런 과정을 인가(認可)라 한다. 즉 인가를 받았다면 깨달았다는 것이고 인가를 받지 못했다면 깨닫지 못한 것이다. 서산스님도 선가귀감(禪家龜鑑)에서 "참선하는 자는

問余祖徹已誦嚴絕石維勞睡食飢
再紅向空何句調雪鴻一喝碧空飛

丙申年六月八一波提氏

283

모름지기 조사관을 사무칠 것이며 묘한 깨달음으로 마음깊이 끊어진 경지에 궁구하라" 하였다.

달마로부터 내려오는 육조(六祖)스님에게 남악(南嶽)스님이 찾아왔다. 육조가 묻기를 "어디서 왔느냐?" 하니 "숭산에서 왔습니다." 육조스님이 즉시 말하길 "어떤 물건이 이렇게 왔는가?" 하니 남악이 아무런 대꾸를 못하고 발길을 돌렸다. 그로 8년이라는 세월이 흐르고 나서야 육조스님을 다시 찾아 말하길 "설사 한 물건이라 해도 맞지 않습니다"(說似一物則不中)라는 답을 할 수 있었다. 이 대답을 통해 육조로부터 인가를 받아 청원행사(靑原行思)와 더불어 남종선의 양대 산맥의 하나를 이루게 되었다. 이런 것이 조사관이다.

이외도 법기(法器)에 따라 여러 참선 수행자를 대접한다. 법을 보이고 납자를 다룸에 있어 본질을 바로 줄 순 없어도 본질과 계합할 수 있도록 길안내를 해줄 뿐이다. 납자의 근기에 따라 때론 허공을 들고 나오고 때론 바다를, 또 어떤 때는 무와 유(無有)를 들이대기도 하고 똥 먹는 개가(狗子佛性有否) 등장하고, 똥 막대기(乾屎橛)도 등장한다. 또는 배에 올라타서는 다그치기도 한다.

그뿐이랴, 대갈일성(大喝一聲)과 살불살조(殺佛殺祖)까지 내세운다. 어찌 보면 살벌하다 하지 않을 수 없다. 실제로 예전 중국 스님들은 계도(戒刀)를 차고 다녔다 한다. 다만 계도란 스스로의 몸을 지키기도 하지만 법을 지키는 칼이다.

'경계가 없어졌으니 곤하면 자고 주리면 먹는다'는 것은 수행에 있어 경계가 있을 때 이렇게 하고 저렇게 해야 하는 당위성이 성립되는데 그 경계성이 허물어지면 그야말로 "망상도 구하려 하지 않고 진리를 구하려도 않는다"(不除妄想不求眞)는 영가(永嘉)스님의 증도가의 경지라 할 수 있다.

그 다음은 "구름 속 기러기가 외마디소리 지르며 하늘 높이 나르네"에 이르게 된다. 여기서 구름은 번뇌요, 외마디소리 내는 기러기는 주인공인데 하늘 높이 나른다는 것은 일체의 번뇌를 순간 다 떨쳐내고 아무런 속박이 없는 그야말로 무애(無碍)의 경지라 할 수 있다 사실 어떤 극한의 정신세계를 풀어서 답하기는 그렇게 쉬운 일은 아니다. 그런 것을 말로 이해시키는 것이 옳지 않지만 글로써 드러내다 보니 이런저런 토와 견해를 붙이지만 어찌 보면 군더더기일 뿐이다.

조주(趙州)스님이 차로써 거량했다면 운문(雲門)스님은 호떡이다. 이렇듯 깨달은 분상에서 대상을 거량하는 것 또한 상인(上人)의 근기요, 그 대상에 있는 것 또한 제각기 근기일 뿐이다. 무엇이 이렇고 저렇고는 맞지 않다. 이미 부처님께서 중생의 근기에 따라 설법하지 않던가?

숲속에 흰 구름을 벗하고
문 앞 푸른 산을 이웃으로
세상 명리(名利) 벗어나
인간의 친애를 멀리한다

눈이 있어도 보지 않음이여

귀가 있어도 듣지 않음이여

경계를 헤집느니 단박에 넘는다

쉬고 쉬고 또 쉬어 더 나아갈 수 없는 그곳까지. 🀄

무애인(無碍人)

진행부주경 眞行不住境
곤수반기언 困睡飯飢焉
허세편무주 虛歲便無住
하수불노선 何須不努禪

참 수행은 경계를 뛰어넘어
곤하면 자고 주리면 먹는다.
무상한 세월 잠시도 머물지 않아
어찌 모름지기 공부하지 않겠는가?

참 수행이란 어떤 경계를 만나도 그 경계에 끌리지 않는 것이다. 영가
대사증도가(永嘉大師證道歌)에서 "한가한 도인은, 망상을 없애려거나 진
리를 구하려 하지 않는다."(閑道人 不除妄想不求眞) 여기서 한가한 도인은
그냥 한가한 사람이 아니다. 공부를 통해 경지를 타파해서 어떤 경계에

真行不住境　困睡飯飢飡
虚歳便無住　何須不努禅

288

도 흔들림 없는 그런 사람을 말한다. 달마대사 안심법문 중에 "밖으로 모든 경계를 쉬고, 안으로 헐떡임이 없어, 마음이 담장처럼 될 때 비로소 도에 들 수 있다."(外息諸緣 內心無喘 心如長壁)

곤하면 자고 주리면 먹는다는 것은 야부(冶父)스님의 게송에서 밥 오면 밥 먹고 곤하면 잠잔다.(飯來開口 睡來合眼)라는 내용과 같은 것이다. 얼핏 생각하면 그게 뭐야 누구나 다 하는 정도로 여길 수 있지만, 그렇지 않다. 적어도 확철대오(廓徹大悟)는 못했더라도 헐떡대거나 경계에 끌리는 정도는 없어야 한다. 헐떡대거나 경계에 끌리는 것은 마음을 쉬지 못한 것이다. 마음을 쉬지 못한 사람이 어찌 가고 머물고, 앉고 누움(行住坐臥)에 자유로울 것이며 먹고 쉬는 것이 편할 것인가?

무상한 세월이 잠시도 머물지 않는다는 말은 부처님이 말씀한 열반경에 "인연으로부터 이루어진 것은 모두 무상하다" 했듯이 우리는 순간순간 변화무상해서 "숨 한 번 돌이킴이 곧 내생"(轉息卽時來生)이라 하였고 또 치문(緇門)에는 "무상살귀가 생각생각 머물지 않아서 명을 연장할 수도 없고 때가 기다려주지 않는다"(無常殺鬼 念念不停 命不可延 時不可待) 했다.

이렇게 덧없는 세월을 그냥 가버리는 것이 안타까운 마음에 경허(鏡虛)스님은 그의 참선곡에 "예전 사람 참선할 때 하루해가 가게 되면 다리 뻗고 울었거늘 …"이라는 글을 남겼다. 이 말은 시간이 가고 있는데 수행자의 목적지가 생사대사(生死大事)를 깨닫는 것인데 그러지 못함이 얼마나 안타까웠으면 이런 글을 후세에 남겼을까 하는 생각을 해본다.

어찌 모름지기 공부하지 않겠는가? 하는 말은 이렇게 무상하고 덧없는 세월은 잠시도 쉬지 않고 마치 흐르는 물처럼 그렇게 흘러가는데 우리가 사람의 몸을 받아 사바세계에 왔다면 내가 온 뜻 정도는 알고 가야 하지 않겠는가? 불교에서는 사람이 사람을 만나는 인연이 500세의 인연이 있어야 한다.

그래서 사람의 몸을 설사 만나도 불법 만나기는 어렵다.(佛法難逢) 여기서 불법난봉은 불교적으로 볼 수 있지만 또 다른 측면으로 보면 인생의 진리를 얻기가 어렵다는 말로 이해할 수도 있다. 불법(佛法)이란 '불은 깨달음이고, 법이란 진리, 대상'을 의미한다.

오늘같이 물질 위주로 사회가 형성되고 또한 그렇게 흘러가는 사회에 나는 누구며, 나는 어떻게 살아가야 하나를 생각해 본다면, 세상은 물질이 첨단인데 인간이 스스로 만든 물질에 제대로 적응하지 못한다고 본다.

무엇이 그렇게 바쁜지 그냥 스피드 스피드하다. 슬로우가 없다. 예전 우리보다 앞선 사람들의 삶을 잠시 생각해 보면 그들은 길을 걸으며 깊은 생각을 할 수 있었고, 아궁이에 불을 지피며 인생을 돌아볼 수 있었다면 지금은 그렇지 못하다. 예로, 길을 걷는 대신 운전대를 잡고 깊은 사색을 할 수 있겠으며, 전기밥통에 코드를 꼽고 인생을 돌아볼 수 있을까? 나는 아니다 라고 말하고 싶다. 코드 꼽고 그 다음을 그냥 놓아두지 않는다. 왠지 모를 스피드 병에 중독된 사람처럼… TV가 눈을 당기고 전화 벨소리가 내 귀를 당긴다. 그뿐이랴, 순간순간 찾아오는 시간계획을 반복해서 생각해야 한다. 이러한 일상이 과연 행복한 삶일까? 과거보다 물질풍요를 얻긴 했지만 과연 행복한 삶일까?

그러므로 우리는 주어진 인생을 제대로 알고 산다면 이것은 행복한 삶이고, 내가 어디서부터 왜 여기 있을까를 모르고 산다면 그는 불행한 삶이다. 그래서 수행자는 생사대사의 문제를 알기 위해 오늘도 하안거(夏安居)에 신명을 걸고 정진한다.

생존의 가치(生存尊貴)

시호시정활양사 豺狐市井闊羊似

핵진지구구일사 核震地球懼日死

인사고난무미약 人事苦難無未約

생존존귀재위시 生存尊貴再爲始

거리엔 늑대와 여우가 서로 양의 흉내를 내고

지구는 핵과 지진으로 우리를 두렵게 하네

험난한 세상살이 미래 기약하기 어려워도

살아 있음은 존귀한 것이니 다시 시작을 위하여.

난 가끔 지난날을 돌아보며 많은 생각을 한다. 어린나이 18세쯤 방황하고 사찰을 찾고 19세에 득도(得度)를 해서 비로소 수행인으로 살게 되었다.

내가 중이 된 지 얼마 되지 않았을 때다. 지금은 대구광역시에 편입되

射狐市井闹年似
核震地球懼日死
人事苦難无未約
生存尊嚴再為始

生在尊嚴
丁酉秋芳一波坦然书

었지만 당시는 달성군 가창면 우록동 남지장사다. 그곳에 살면서 하루
는 대구에 볼일이 있어 나갔다 들어올 때다. 오래전 일이라 정확히는 기
억할 순 없어도 절에 함께 생활하는 식구들에게 주려고 큰 봉지에 담긴
사탕 한 봉지를 사서 들고 가던 길이 버스에서 내려 15리길 정도 걸어야
남지장사에 도착하는 거리다.

요즘 시대로 보면 엄청 먼 거리다. 그만한 거리를 요즘 사람들은 걸어
서 가려 하지 않을 것이다. 당시로는 그렇게 걸어 다니는 것이 일상이다.
나는 걷는 중에 문득 바랑에 넣어둔 사탕을 끄집어내 한 알씩 먹기 시작
했다. 당시 돈으로 500원 정도 산 것으로 기억한다. 아마 지금 돈으로 환
산하면 7000원 정도의 사탕가격이 되지 않을까 생각한다.

내가 이 말을 꺼낸 이유는 문명의 이기가 극한에 이르러 첨단이라는
말을 쓴다. 그에 수반하는 것이 여유로움보다는 스피드하고 각박한 삶
을 살아가게 된다. 그래서 지난 과거의 삶은 '느림의 미학'(美學)Aesthetics
of Slow으로 느껴진다. 그만큼 오늘의 각박함이 지난날의 향수가 그립다
는 말이다.

예전에는 싸움을 해도 정정당당을 외치면서 어떻게 싸우면 멋있게
싸울 수 있을까 하는 낭만이 있었다면 지금은 뒤에서 총을 쏘는 비겁함
이 만연하다 하지 않을 수 없는 세상을 산다. 문명이 발달했지만 인간의
심성은 뒷걸음질쳤다.

달도 차면 기울고 아름다운 꽃도 10일 넘기기 어렵다 하지 않던가?

그래서인지는 몰라도 과학이 발달하고 첨단무기가 많이 발달했다. 첨단무기가 무엇인가? 곤충이나 들짐승 잡자고 만든 것이 아니라 우리들 스스로 말하는 영장인 인간을 쉽게 죽이려 만든 것 아닌가?

무기는 그냥 만들어지지 않는다. 땅속 깊은 곳에서 실험을 하고 바닷속에서 실험을 하고 지상에서 실험을 하게 된다. 이러한 모든 것이 자연을 역행하는 것이다. 지구상 이곳저곳에서 땅의 통곡이 지진으로 오지 않았을까 하는 생각을 해본다.

오늘의 현실을 생각하면 인간으로서 부끄럽고 살아갈 가치를 잃은 허무의 노래를 부르지만 그래도 인간의 몸을 받아 이 아름다운 지구에 어렵게 태어났기에 참으로 다행한 일이 아닐 수 없다. 해서 비록 현실이 각박하고 미래가 보이지 않고 또한 내일을 기약하기 두렵고 어려울지라도 살아 있다는 존재감이 너무도 소중하기에 다시 마음을 고쳐 새로운 시작을 위해 나아가야 하지 않을까.

우리에게 다가오는 두려움과 불확실한 미래, 이 모든 것은 내일이 아니라 오늘 어떻게 살 것인가를 먼저 생각한다면 행복은 보나마나 우리들에게 찾아올 것이다. 결코 행복이란 자연히 주어지지 않는다. 얼마나 행복을 향한 꿈을 꾸고 행복을 향한 노력을 했는가 하는 그것이 우리가 이 땅에서 진정 살아가는 모습이 아닐까?

상(相)을 넘어라

견색비색허 見色非色許
문성불성려 聞聲不聲侶
색성불애해 色聲不碍偕
가도법왕처 可到法王處

색을 봐도 색으로 용인하지 않고
소리를 듣고도 소리와 함께하지 않음이여
색과 소리가 서로 걸리지 않으니
가히 법왕처에 이르니라.

색이란 빛깔을 말한다. 빛깔이란 외향적 형태다. 부처님이 설하신 금강경에 보면 수보리(須菩提) 장로와 대화 끝에 "만약 색으로 나를 보고자 하거나 음성으로써 나를 판단한다면 이것은 사도를 행하는 것이니 능히 여래를 볼 순 없다"(若以色見我 以音聲求我 是人行邪道 不能見如來) 했다.

見色色

非色 許聲聲
不聞 侶聲
不可碍
色

到法 可

互厂

一波
姪丙

297

부처님께서는 나의 겉모습을 보지 말라는 뜻이다. 부처님은 겉모습이 32상을 갖췄으니 겉모습도 보통사람과 다르다. 하지만 겉모습만으로 부처님을 판단해서는 안 된다는 것을 강조하신다. 참고로 부처님은 보통 중생과 다른 32상을 갖췄는데 키가 머리 하나 정도 더 크고 얼굴색이 금색이고 미간에 백호 등이 있다.

오늘 이 시대는 윤리니 도덕이니 하는 말은 지나간 옛이야기처럼 여기고 오직 개인의 자유와 취향을 중요시한다. 자연히 인간의 고유한 인성(人性)은 옅어지고 현실이라는 강한 임펙트에 도전을 받는다. 마치 어린아이의 눈에는 원색을 좋아하는 것과 같은 것이다.

예전 인천 용화사에 북방도인이라 불렸을 만큼 뛰어난 고승이 계셨다. 그의 호는 전강(田岡)이다. 일찍이 출가수행을 해서 20대 이미 크게 깨달은 분으로 양산 통도사에서 조실로 추앙받은 당대 고승이었다. 그는 후학을 대하며 "상견중생"(相見衆生)이라는 말을 자주 썼다. 상견중생이란, 중생은 그 내면의 실체를 보려 하지 않고 드러난 겉만 본다는 것이다.

오늘 우리 사회는 다변하고 혼탁하다. 이러한 세상을 어떻게 극복하며 살 것인가? 이것이 중요한 화두(話頭)다. 그것을 증명이라도 하듯 아이를 생산하지 않는다. 예전에는 먹을 것이 없어 굶주리며 하루하루를 연명했어도 자식을 외면하지 않았다. 자식이 세상에 태어나면 그대로 축복이다. 그러던 것이 어쩌다 자식이 짐이 되는 세상이 되었는지 모르겠다.

비록 이러한 외형적 형태가 발달한 빛을 좇아 살아갈지라도 마치 바람이 그물에 걸리지 않듯 잘 융합한다면 그대로 진리에 계합하는 것이다. 진리에 계합하는 그 자리가 곧 법왕의 처소다. 그렇다면 법왕의 처소는 어디에 있는가?

푸른 산 첩첩이 아미타부처님 계시는 곳이요
푸른 망망대해가 적멸궁이라네.

靑山疊疊彌陀窟 滄海茫茫寂滅宮

진정 그대가 빛을 넘고 소리를 넘은 그 자리를 얻고자 한다면 먼저 한 생각을 쉬어 보라. 세상의 모든 일은 한 생각 일으키는 데서 비롯하고, 세상의 모든 번뇌를 끊으려면 한 생각을 일으키지 않으면 그 자리가 바로 적멸궁이요, 법왕처가 될 것이다. 결코 진리는 먼 곳에 있는 것이 아니다. 오직 한 생각 바로 챙긴다면 그 자리가 바로 진리에 상응(相應)하는 자리다. 🔏

불나비 인생

하유신염고화수 夏酉呻炎苦禍水
지천인조난개의 旨天人造難皆擬
세인아쟁지선등 世人我爭持先登
종화비아약화사 從火飛蛾若火死

올여름은 폭염에 신음하고 수재로 고통이다
하늘의 뜻인지 인간에 의한 재앙인지 알기 어렵다
세상 인간들은 서로 다투기를 가지려 하고 먼저 오르려 하니
불을 좇는 나방이 스스로 불에 타 죽는 것과 같도다.

올여름은 유난히 무더운 여름이다. 온 나라가 가뭄에 목메다가 중서부 지방에는 폭우가 와 홍수에 많은 피해를 입었다. 그런가 하면 경상도 동쪽 지역은 가뭄에 목이 타고 농민은 근심을 떨칠 수 없는 하루하루를 보낸다.

夏酷呻炎苦禍水旨天人造難皆擬
善人我爭持先登縱火飛蛾若火矼

丁酉年立秋 一波題乃玉

행여나 태풍이라도 왔으면 하는 기대를 했지만 태풍은 우리를 외면한 채 일본으로 돌아 갔다. 예전 같으면 비가 오지 않으면 하늘에 빌었다. 이것이 기우재(祈雨祭)다. 그러나 과학이 발달하고 인간의 영민함이 빈다고 되는 것이 아니라 자연 질서의 하나라는 것을 알아 그런 '재' 같은 것은 무시하는 오늘 우리의 실상이다.

과학이 아무리 발달해도 인간이 심성이 발달한 것보다는 못하다. 어찌된 일인지 인류는 보다 문명화로 가고 있지만 인간의 심성은 어둡고 각박하다. 이러한 현실이 지속된다면 부모에게 효도하는 일도 현실성에 따를 것이고 나아가 돌아가신 부모나 조상을 섬기는 일은 더욱 멀어져 갈 것이다.

슬프다! 무엇이 인간들의 성품이 이토록 각박하게 변한단 말인가? 인간은 영리해서 만물의 영장이라 불린다. 만물의 영장이란 스스로 우월하다는 생각을 하기에 족하다 할 것이다. 이것이 서로의 이익을 위해 다투게 된다.

인간에 있어서는 오욕(五慾)이 있다. 오욕이란 재물·색·식·수면·명예욕이다. 여기 한 가지 더 첨부하자면 권력욕이다. 왜 권력욕을 추가했느냐 하면 이 권력욕에 오늘날 미디어를 통해 많이 들어나는 '갑'질을 만들기 때문이다. 이렇듯 인간은 남보다 내가 우선해야 한다. 그러기 위해서는 남을 속이고 남을 짓밟고 올라서야 한다. 나는 이런 행동을 마치 불나비가 불을 좇다가 끝내 불에 타죽게 되는 데 비유했다.

불가에서는 모든 죄업은 과보를 받는다고 한다. 이것이 부처님께서 말하는 정업불멸(定業不滅)이다. 한번 지은 죄업은 없어지지 않는다는 말로서 금생에 업을 지어 금생에 받는 것을 순현업(順現業)이라 하고, 금생에 업을 지어 다음 생에 받는 것을 순차업(順次業)이라 하고, 금생에 업을 지어 삼생(三生) 후에 받는 것을 순후업(順後業)이라 한다.

우리가 알아야 할 것은 언제 나의 업에 대한 과보를 받을까 하는 것이 중요치 않다. 적어도 인간으로서 이 세상에 나왔으면 인간답게 살아가야 한다. 왜냐하면 인간으로 태어나는 것이 쉽지 않다. 육도윤회(六道輪回) 중에 다행히도 사람의 몸을 받아 왔기 때문이다.

그러므로 사찰에서는 조상의 영혼을 달랠 때나 산 사람을 위한 생전 예수재나 모두 이 게송(偈頌)이 들어간다.

차신불향금생도(此身不向今生度)

갱대하생도차신(更待何生度此身)

이 몸 금생에 제도 받지 못하면,

다시 어느 생에 이 몸을 제도받을 수 있으리오 🍵

법왕을 보리라

청산운불원 青山雲不遠
유수세무방 流水歲無妨
자주세무애 自主歲無碍
현생견법왕 現生見法王

청산은 구름을 멀리하지 않고
유수는 세월을 탓하지 않는다.
스스로 세상에 주인 되어 걸림 없다면
현생에 법왕을 친견하리라.

청산과 구름은 떨어질 수 없는 사이다. 청산이라 하면 푸른 산을 말한
다. 푸른 산이란 녹음방초가 싱그러울 때 청산이지만 산이라는 그 자체
를 시인 묵객들은 청산이라 통칭한다. 다만 청산은 그냥 푸르다. 그냥 산
이라는 개념을 넘어서 불가에서는 부동(不動)으로 본다.

青山已不遠
流水咸無妨
自在奚無礙
現生見法王

丁酉夏於
一波堤乃畫

305

부동이란 움직이지 않는다는 말로서 머문다는 뜻과 수호하는 의미가 내포된 주인이라고 이해할 수 있다. 그러므로 청산이 주인이라면 흰 구름은 나그네가 된다.

실제로 큰 사찰의 대중방사에 들면 좌 쪽으로 '청산'이라는 두 글자가 붙어있고 바른 쪽으로는 '백운'이라는 글자가 붙어 있다. 이 글자를 보고 주인과 나그네가 서로 앉아야 할 자리를 구분하게 된다.

절이란 늘 움직이고 변화하는 곳이다. 수행자가 머무는 기본이 한 철 (3달)이기에 늘 들고 난다. 다만 절을 수호하는 소임자는 한 철을 넘어 일정한 시간을 머물게 된다.

유수는 세월을 탓하지 않는다는 것은 흐르는 물 그 자체가 세월과 같다. 한번 흘러가면 다시 돌아오지 않는 것이 흐르는 물이요, 세월이다. 그러니 유수는 세월에 대해 가타부타 하지 않는다.

문제는 이렇게 흘러가는 세월 속에 어떻게 살 것인가라는 것이다. 그래서 나는 세상을 살되 바람에 구름처럼 걸리지 않고 살아간다면 현생에 법왕을 친견하리라 했다. 그럼 어떻게 해야 걸림 없이 사는 것인가? 걸림은 갈구하는 데서 비롯된다. 만약 갈구하는 것이 없다면 걸릴 것이 없는 무애가 된다. 무애란 자유자재(自由自在)로서 일체의 집착으로부터 해방이 된 사람이라 할 것이다. 이러한 현상이 진리를 체득한 상태요, 부처와 다름없기에 그대로 법왕을 친견하는 것이 된다.

그렇다면 진리는 무엇인가? 생각한다면 진리란 물질도 명예도 권력도 아니다. 우리들 마음 깊숙이 자리한 엑스터시Ecstasy한 것이 아닐까? 아이러니하게도 내면의 자기수양에서 엑스터시를 얻는 게 아니라 약물로써 엑스터시를 얻고자 하는 세상이 우습고 서글프게 다가섬은 왜일까?

내가 말하는 엑스터시는 물질에 끌리지 않고 명예나 권력에 끌리지 않는 오로지 자성을 봐서 얻어지는 기쁨을 말하는 것이다. 이 기쁨이 바로 법왕을 친견하는 것이 된다. 그러니 진리를 멀리서 구하려 하지 말고 내 눈 아래서 찾을 것이오, 내 혈족 내가 내 이웃을 보면서 진리를 제득해야 할 것이다. 알아야 할 것은 이 세상 무엇은 진리고 무엇은 아니다 할 것이 없다. 진리라 한다면 이미 진리는 저만치 달아난다.

한 게송을 읊는다.

무구내락(無求乃樂) 유구개고(有求皆苦)

무념무위(無念無爲) 편념다사(便念多事)

구함 없으면 즐겁고, 구함 있으면 괴로워

생각 놓으면 여유롭고 생각 일으키면 일이 많아진다.

외로운 나그네(孤客)

소염량고운 消炎涼高雲
득실농부근 得實農夫勤
오애지좌조 鳴哀枝坐鳥
고객심불흔 孤客心不欣

더위는 가고 구름 높아 서늘한데
농부는 부지런히 결실을 하고
나뭇가지에 앉은 새소리 구슬퍼
외로운 나그네 마음도 그러하네.

인간의 욕망이 끝없이 치닫지만 분명 끝은 있다. 오늘 우리 사회는 물질 팽배에다 과학문명이 첨단에 이르렀다. 이러한 사회를 우리는 살아가지만 인간의 마음은 명통(明通)하지 못하고 이기가 넘치고 사악하기까지 하다.

308

消炎涼高雲浮寶農夫勤
鳴哀枝上鳥孤客心不欣

丙申年立秋楚雲

어느 사회든 통치자가 있고 그에 따른 관리자도 있다. 통치자가 바르고 관리자가 바르면 다수의 국민은 그것을 따른다. 하지만 그런 사회는 현재도 없고 미래도 기약하기 어렵다. 그렇게 되기가 어려운 것은 인간의 욕심이 너무 팽배하기 때문이다.

가난할 때면 가난만 면하기를 바라다가 가난이 해결되면 그 다음을 바란다. 그것이 오늘 우리 사회의 인간상이라 할 것이다.

제법집요경(諸法集要經)에서 "만약 국왕이 부처님의 가르침을 실천한다면 신하들은 다 청정할 것이다" 했다. 그러나 이 말은 전제주의(全帝主義) 사회에서만 가능하다. 오늘 같은 민주사회는 대통령이 잘한다 해도 그에 따른 각료나 관리가 잘 따라한다고 볼 수 없다. 이것이 시대상이다.

그러해서 민주 내세우는 이 시대는 모든 인간이 스스로 도덕성을 지녀야겠지만 그러지 못해 종교의 역할이 크다 하지 않을 수 없다. 종교가 가지는 특징이라면 "인간 스스로가 자기를 발견하게 하는 것이다"라고 할 수 있다. 그렇게 되도록 역할을 다한다면 오늘 우리 사회의 다수의 사람들이 비판하고 불신해서 허무에까지 빠지지는 않겠지만 다 알다시피 종교도 제 역할을 다한다 할 수 없다.

역설적인지는 몰라도 이 시대 종교인도 이 시대 사람이다. 그러하기에 너무 기대하거나 또한 너무 질타만 해서도 될까 하는 생각을 해본다.

사람이 길을 가다 보면 순탄한 길도 있고 험한 길도 만나게 된다. 이러한 것이 공간적이라면 시간적으로 변천하면서도 변천하지 않고 자기를 지킨다. 이것이 우주의 법칙이다.

그러니 인간은 시공간에 머물지만 그 머무는 시간이 짧다. 특히 공간의 한계에 봉착되어 산다. 그래서 부처님께서 사바세계는 '고'(苦)라 했고, 이것을 극복하는 것은 '인내'(忍耐)라 했다.

현재 우리에게 주어진 삶은 우리들 스스로가 극복해야 한다. 가령 어두운 길을 가지 않아야 함에도 그 길을 가다 넘어져 다치는 것과 같다. 그래도 인간사회가 완전히 극한으로는 빠지지는 않는다. 덴마크 사회가 부패하고 종교인들마저 부패했을 때 기에르케고르는 "신 앞에 단 독자"를 외쳤다. 이 말은 신 앞에 떳떳하게 설 수 있어야 한다는 데서 나온 말이다. 그 후에 독일의 쇼펜하우어는 "신은 이제 죽었다"라고 외친다. 이젠 신의 시대가 아닌 인간시대, 즉 휴머니즘 humanism을 외친 것이다. 이것이 바로 시대상이다.

이번 여름은 어느 시대보다 더운 여름이었다. 그나마 여력이 있는 사람은 잘 극복할 수 있었겠지만 가난하고 외로운 사람은 엄청 힘든 계절이었다. 그럼에도 때가 되면 변함없이 찾아오는 것이 계절이 아닌가? 더위에 지친 몸 추스려 농부는 결실을 위해 더욱 손이 바빠질 것이다.

이 '시'에서 나뭇가지에 앉은 새소리가 구슬프다는 것은 오늘 우리들 삶을 비유한 것이다. 따라서 외로운 나그네도 따라 슬퍼진다 했다. 여기서 외로운 나그네는 어느 특정한 것이 아니라 오늘 우리들 모두에게 해당된다 할 수 있다.

　대통령일지라도 외롭지 않다 할 것이며, 재벌 총수라 해도 외롭지 않다고 단정할 수 있겠는가? 인간은 사회적 동물이면서도 외로운 동물이다. 그래서 우리 모두가 외로운 나그네가 될 수 있다. 🪶

바른 삶을 생각하자

여수인생우약몽 如水人生又若夢

탐○과세종신통 耽憒過歲終心痛

약사정도무상위 若思正道無常爲

지사종참익고공 至死終慙益苦空

인생이란 흐르는 물 같고 또한 꿈 같아서

즐거움에 취해 세월을 보내면 끝내 마음은 괴로운지라

만약 바르게 살 것을 늘 생각하지 않으면

죽음에 이르러 후회해도 괴롭고 쓸쓸함만 더하리.

우리의 삶은 먼 과거로부터 이어져 전생 업연에 의해 현재 너와 내가
있을 뿐이다. 이 현재라는 것도 늘 변함없이 흘러가고 있다. 일찍이 우리
의 선조들이 세월이 가는 것을 두고 흐르는 물에 많이 비유했다. 조선시
대 서산(西山)스님의 '시'에서 "세월은 흐르는 물과 같고 흥하고 망하는

것이 기러기 날아 가버리는 것과 같다"(歲月如流水 興亡若去鴻) 했다.

잠시 주어진 인생을 알기까지는 많은 세월을 보내고 나서야 짐작한다. 어려선 세월을 실감하지 못하고 성장한다. 어서 어른이 되어야 하는 생각의 바탕에는 영원히 살 것 같은 무한정한 세월로 여긴다. 그렇게 성장하다가 스스로 머리가 희끗하고 부모가 병들고 죽는 그런 모습을 보고난 후에야 비로소 세상이 무상한 줄도 알고 세월이 물처럼 빨리 흘러가는 줄 알게 된다. 단순히 생각하면 물처럼 흐르는 것이 뭐 그렇지 생각하기 쉽지만 한번 흘러간 물은 다시 돌아오지 않는다는 이 사실이 인생이 슬픔이라 하지 않을 수 없다.

그러므로 우리에게 주어진 시간은 한정되어 있기에 이 순간 순간을 어떻게 보내야 할 것인가는 다시금 생각할 일이다. 우리 불가에서는 계를 받고 처음 공부하는 과제물 치문(緇門)에 "한때의 낙이 언제 고통의 원인이 될지 모른다"(一期珍樂不知樂是苦因) 했다.

그러해서 자칫 방일(放日)하면 허송세월이 되어 세월을 죽이게 되니 이렇게 흘러가는 세월을 가치 있게 보내기 위해서는 바른 생각을 가져야 한다. 만약 그렇지 못하면 임종에 다다라 후회막급(後悔莫及)이다. 증자(曾子, BC 505~436 공자의 제자)가 말하길 "새가 죽을 때 그 소리가 구슬프고 사람이 임종에 다다랐을 때 거짓이 없고 진실된다" 했다.

임종에 이르러 거짓이 없고 진실된다는 것은 인간의 삶은 거짓으로 살 수 없고 언젠가는 진실로 돌아갈 수밖에 없다. 우리들은 순간을 모면

하기 위해 진실되지 못하고 거짓으로 사는 경우가 많은데 그것은 실체가 없는 껍데기와 같다.

죽음을 앞둔 어느 고승의 모습이다. 그는 불가에서 남방도인으로 불리던 향곡(香谷, 1912~1978)스님이다. 기자가 인생에 대해 물었다. 향곡스님은 "아이고! 아이고!" 했다. 이 아이고가 무슨 의미일까? '아이고'란 고달픈 삶을 뜻하는 말로서 인간들의 삶이 얼마나 고단하다는 것을 말한다할 수 있다. 일생을 수행승으로 많은 사람들로부터 존경받던 스님의 입에서 나온 말이다. 물론 그 고달픔이 자신보다는 중생의 고통을 표현했을 수도 있다.

그렇다면 무엇이 진실하게 인생을 바로보고 사는 길인가? 어렵지 않다. 내가 누구 덕에 세상에 나온 줄을 생각하면 부모의 소중함을 알 것이다. 부모는 나를 세상에 나오게 했지만 나와 영원히 함께할 수 없다. 물이 흐르듯 그렇게 세월 따라 흘러가 버리는 것이 부모다. 그러니 부모를 소중하게 생각하는 이것이 바로 진실되게 사는 길이다. 그리고 세상을 바로 살 수 있도록 나에게 가르침을 준 스승을 생각할 줄 알아야 하고, 나아가 나를 바르게 성장할 수 있도록 도와준 붕우(朋友)다. 이 붕우의 소중함을 알고 살아간다면 진실되게 인생을 살아갈 수 있다. 결코 소중한 것은 멀리 있는 것이 아니고 늘 가까이 나와 함께한다는 사실이다.

그냥 내려놓게나

지하일막집 持何一莫执

사일법무사 捨一法無捨

착위수소유 着爲誰所有

공수래방하 空手來放下

가지려 해도 무엇 하나 가질 것 없고

버리려 해도 무엇 하나 버릴 것 없어

누굴 위해 소유하고 집착 하는가?

빈손으로 왔으니 그냥 내려놓게나.

오늘같이 물질이 풍요롭고 또한 그것에 집착하고 소유하려는 때가 일찍이 있었을까?

물질이란 순간의 달콤하고 향기로운 유혹은 될지 몰라도 물질이라는 것이 영장이라 하는 인간의 고유한 영역에 비하면 아무것도 아니다. 이

持何一

捨莫執一

捨一法

著為無捨

何為誰

空來有

故去

下

延平書

318

말은 인간의 고유의 정신으로 물질을 초월했을 때만이 가능한 것을 물질이 앞을 가리면 고유한 정신이 혼탁해서 본연의 정신의 가치를 상실하고 만다는 것이다.

인간의 아름다움은 물질로부터 초연했을 때 나오는 것이지 물질에 끌려 노예처럼 산다면 사람이 먼저가 아니고 물질이 먼저인 세상이 될 것이다. 내가 존재하므로 부처님도 존재하고, 내가 존재하므로 인도 땅 갠지스 강도 알 수 있는 것이지 내가 없으면 아무것도 없다. 여기에 영가(永嘉)스님의 증도가에 "환화(幻化), 아지랑이 같은 헛된 몸(空身)이 곧 진리가 되는 몸(法身)"이라 했다.

늘 생각하는 바이지만 돈이 많다고 끼니때마다 두 번 먹을 수 없는 것, 이것이 천지신명의 조화이자 조물주의 뜻이다. 가령 비프가 비싸고 좋다고 매일 그것만 먹고 살 순 없다. 산삼도 예외는 아니다. 예전 사람들이 가난해서 먹을 수밖에 없었던 음식을 오늘은 돈 많은 사람들이 그런 음식을 찾는다. 그런 음식을 먹지 않으면 곧 죽음에 당도하게 되는 것이다. 그러니 좋은 것도 적당히 취해야 하고 물질도 적당히 취해야지 그 자체가 무슨 진리라도 되는 냥 먹지도 않고 그렇다고 남에게 베풀지도 못하다가 죽을 때가 당도하면 슬퍼지고 부끄럽고 후회하게 된다.

반면 물질에 초연한 사람은 별 생각 없이 살 수 있다. 이 말은 근심걱정이 없다는 말이다, 생각하면 많은 사람들은 이것을 어떻게 지킬 것인가, 이것을 어떻게 더 불릴 수는 없을까를 생각하니 머리가 복잡해진다. 더 복잡해지는 것은 구해야 할 것이 많아서 그것을 찾아 나서기까지 한다면 어떻겠나? 다만 극한의 생활고를 겪는 것은 예외이나 오늘 우리 사회가 아무리 각박해도 극한의 빈곤으로 살도록 내버려두지는 않는다.

그럼에도 어려운 삶을 사는 사람은 어렵다. 되돌아보면 중국의 혼란한 전국시대 돈황석굴의 기록에 의하면 인간의 삶이 이렇게는 살 수 없음을 잘 보여준다. 징병에 한번 끌려가면 3년이라는 세월은 보통이고 집에 남은 처자식은 제대로 먹지 못하고 지아비를 기다리고 아버지를 기다리다 그냥 굶어 죽는다.

그들은 거대한 암벽에 굴을 파서는 아미타부처님의 그림을 그려 그 앞에서 기도하고 서원하기를 "다음 생에 태어나면 전쟁이 없는 나라 처자식을 굶기지 않고 살기를…" 그들은 그렇게 희망했다.

오늘 우리 사회는 극한의 굶주림보다는 가진 자의 횡포와 군림하는 자의 횡포가 힘들게 사는 사람들을 더 힘들게 한다. 부처님께서는 "모든 중생은 평등하다"(一切衆生實有佛性) 했다. 이것은 가난한 자건 부유한 자건 잘난 사람이건 못난 사람이건 이 사회를 동등하게 살아야 한다는 것이다.

우리가 세상에 태어날 때 누구 할 것 없이 모두가 빈손으로 나오지 않았나? 그러니 당연히 돌아갈 때도 빈손인 것을 모르지는 않을 터, 왜 그토록 물질소유에 갈망하는지? 더한 것은 작은 일에 목숨을 건다는 것이다. 본시 그래서 중생인지는 몰라도 욕심이 많다. 마치 개가 고기 한 입 물고 있다가 탐욕 때문에 스스로의 그림자를 향해 짖다가는 입에 문 고기마저 떨어뜨리는 것과 같다.

위 시구에도 나왔지만 가지려 해도 무엇 하나 가질 수 없고, 버리려 해도 무엇 하나 버릴 것 없다(一法無捨)라 했듯 지금 우리가 사는 세상은 무엇 하나 영원하지도 않고 영원히 소유할 수도 없다. 잠시 쉬어가고 빌려 쓰다 돌려주고 가는 것이다. 🪷

마음에 분별 없어라(心無分別)

풍래무체거림훤 風來無體去林喧
운수풍유우멸흔 雲隨風遊雷滅痕
피차무분단경식 彼此無分斷境識
첨신관재문수문 瞻身觀在聞殊門

바람은 형체 없이 왔다가 숲을 흔들고 가버리고
구름은 바람을 따라 놀다가 우레를 만나 사라지네.
이것저것 분별이 없으면 육경(六境)과 육식(六識)도 끊어져
보이는 것은 관음의 현신이요 들리는 것은 문수의 법문이로다.

인간은 태어날 때부터 고(苦)다. 흔히들 축복이라 한다. 고인지 축복인
지 정의하기 나름이다. 내가 고라고 말하는 것은 엄마의 뱃속에서 살 때
는 본능의 실상으로 보호를 받지만 세상에 나오면 두려움으로부터 보호
를 받아야 하고 남으로부터 도움과 보호가 없으면 살아갈 수 없다.

風來不停去林喧已遝
風進雷滅痕
彼此無分斷境識瞻
身觀在閻珠門

小無分別
丁酉年大雪 一波恕畫

323

그러기에 인생을 험난한 파도에 비유하는지도 모른다. 인간은 사회적 동물이라 절대로 마음대로 혼자 살아갈 수 없다. 마음대로 사는 사람을 자유인이라 하지만 자유도 혼자서는 성립되지 않는다. 특히 산에서 수행하는 스님들이 많이 쓰는 용어다. 무애인(無碍人) 대자유인이지만 그것도 홀로 성립될 수도 감내할 수도 없다.

제아무리 세속을 잊었다 해도 세속의 도움 없이 살아가는 자유인은 아직 듣지도 보지도 못했다. 젊은 수행자라면 한 때는 지리산, 소백산 등 깊은 곳에 들어가 수행하기도 하지만 그 또한 여러 신도 내지 도반의 도움으로 가능한 일이다.

어린아이가 세상에 나와 우는 것은 세상을 향한 외침이다. 그 외침에 끊임없이 울음으로 표현되는 것은 비록 사람들의 도움을 받긴 해도 물질의 가치를 모르기 때문에 외칠 수 있다.

어른이 되면 울고 싶어도 울어지지 않는다. 우는 것도 마음이 자유로워야 울 수 있다. 마음이 자유롭지 못하면 우는 것도 마음대로 안 되는 것이 세상이다.

바람은 형체도 없지만 숲을 울리고 때리고 하다 떠난다. 구름 또한 실체도 없지만 바람을 통해 그 역할을 한다. 만약 바람이 없다면 구름의 실체는 없다. 오직 바람에 의해 여기저기 떠돌다 우레를 만나 융화하다 소멸한다.

세 번째 전구(轉句)에서 이것저것 구분하고 편 가르는 분별심이 없으면 육경(六境)과 육식(六識)이 끊어진다고 했다. 육경이란 여섯 경계로 안

이비설신의(眼耳鼻舌身意)라는 뿌리의 상대다. 이것을 육진(六塵)이라고도 한다. 이 육경을 인식하는 작용이 육식(六識)이다. 여기까지는 초기불교(부파불교)의 관점이고, 나아가 대승불교에 들어서면 이렇게 인식된 대상을 심층 분석하는 말나식(末那識)을 거쳐 이것을 저장하는 제8 아뢰야식(藏識)도 있다.

이러한 마음의 작용 그것을 인식하는 데는 분별하는 마음에서 나온다. 이 분별하는 마음은 선악으로 본다면 악에 해당한다. 이것이 없으면 산을 산으로 보고, 물은 물로 본다. 검은 것은 검은 대로 흰 것은 흰 대로 본다.

그대로 관음(관세음보살)의 현신(現身)이 보인다. 현신이란, 관세음보살은 중생을 위해 32가지의 변신을 하는 모습이다. 또한 문수(文殊菩薩)의 법문(法門, 가르침)이 들린다는 것은 문수는 지혜를 상징하는 보살이다. 마치 소동파가 해질녘 개울가를 지나다 개울물 소리를 듣고는 부처님의 대장경(大藏經)으로 들은 것과 같다. 🦡

우리에게 피안은 어디쯤인가

문군래처식생혜 問君來處識生兮
설사무지부진미 設使無知不眞迷
신수환혜승세고 身受歡兮勝世苦
종전필득피안제 終前必得彼岸梯

그대여, 온 곳은 알고 사는가?
설사 모른다 해도 진실로 미혹되지 않아서
현신(現身)을 기쁘게 세상 괴로움 이긴다면
죽기 전에 반드시 피안에 이르리라.

오늘처럼 자신의 정체성을 물어볼 때가 있었을까? 자신의 정체성을 자신이 왜 모르겠느냐 반문하겠지만 자신을 지키며 살기가 쉽지 않기 때문이다. 마치 물결은 잠잠하고자 하나 바람이 물결을 출렁이게 하는 것과 같이 오늘의 시대상이다.

問君來處識生兮
說使無知不真迷
身受歡兮勝去苦
終前必浮彼岸梯

向彼岸
戊戌新正一改堤号

327

한 나라의 국민이 행복하냐 그렇지 않냐는 지난 수 천 년 역사의 피드백feedback에서 얼마든지 알 수 있다. 그러나 한 가정의 행복도 한 사회가 주는 영향이 엄청 크다 하지 않을 수 없다.

보라, IMF 때 우리 사회는 어떠했고 우리의 가정은 어떠했는가? 시대의 흐름은 정치의 비중이 크다. 적폐청산 과정에서 드러난 일이지만 진영이 다르다 해서 누락시키고 제외했던 문화예술인의 문제가 있었다. 오늘의 뉴스는 청와대에서 소상공인들을 초청했지만 700만 소상공인을 대표하는 사람은 그 자리에 없었다. 아이러니한 일이다. 물론 청와대에서는 여러 변명이 있을 수 있다. 하지만 이것은 생각이 있는 사람이라면 왜! 라는 의문 속에 진영의 논리가 작용했다는 생각을 지울 수 없다.

들리는 말로는 소상공인 대표가 정부에 불편한 요구를 했다 한다. 새 정부가 들어서 처음 내세운 기치가 적폐청산인데 적폐청산의 핵은 진영이 문제된다 할 것이다. 그렇게 볼 때 역시 정치는 생물이라 그럴까? 진보정치 촛불정신의 기치를 내걸은 현 정부도 같은 정치 무리에 지나지 않는다고 봐진다.

속담에 팔은 안으로 굽는다는 말이 있다. 인지상정(人之常情)과 같은 말이기도 하다. 그것을 부정할 수도 없고 부정해서도 안 된다. 다만 적정한가 하는 것이 문제다. 과유불급(過猶不及)이라 하지 않던가? 지나치면 미치지 않는 것과 같다는 말이다.

우리는 이러한 시대상에 살기에 나는 스스로의 정체성에 대한 말로

"그대가 어디서 왔는지 알고 사느냐?" 물었다. 정체성이란 본질적인 것인데 인간의 출생 이전을 제대로 알아야 본질을 알 수 있다. 그러해서 그것을 설명하기도 쉽지 않다.

그것을 알지는 못할지라도 미혹에 빠지지 않고 자신이 몸을 받아 현재 살아갈 수 있음이 얼마나 소중한가를 제대로 알아 험난한 세상을 잘 살아간다면 이것은 참으로 다행한 일이 아닐 수 없다.

왜 현신하는 인간이 소중한가는, 가까이로는 부모의 피골을 받아 세상에 나왔지만 불교적으로 본다면 숙세에서 많은 선근복덕이 있어 이 세상에 나올 수 있기 때문이다.

이 시의 끝자락에 피안에 이를 수 있다는 말은 피안이란 저 언덕이라는 말로 인간의 이상세계라 할 것이다. 마치 티벳인들의 곤륜산(崑崙山)과 같다. 🪷

납자붕운입법륜 衲子朋雲立法輪
거두삼매자초진 擧頭三昧自超塵
인생래거무귀약 人生來去無期約
제도함령문약진 濟度含靈門若津

납자는 구름을 벗하며 법륜에 서고
화두삼매에 들어 티끌세상을 넘는다
인생은 왔다 가는 것 돌아올 기약 없어도
중생제도를 위해 나루터가 되는 것이 사문이다.

* 납자는 누더기를 입은 사람으로 수행자를 뜻하고
* 삼매는 번뇌가 끊어져 고요한 상태
* 함령은 생명체의 뜻으로 중생을 뜻함
* 문(門)은 사문(沙門)으로 수행자를 말함.

진로난형진 塵勞難逈眞
일각휴번진 一覺休煩眞
뇌탈세평견 惱脫世平見
이군혜복신 已君兮福身

티끌세상을 멀리하기는 참으로 어렵다
한 생각을 쉬어 고뇌를 떨쳐내면
세상은 평화롭게 보이고
그대는 이미 행복한 사람.

티끌세상을 살아가기는 쉽지 않다.
어떻게 이 힘든 세상의 다리를 건널 수 있을까?
이것이 인간이 수없이 되묻는 화두(話頭)다.
이 '시'에서 힘든 세상을 이겨내는데
한 생각 쉬면 고뇌를 떨칠 수 있다고 했다.
마치 맑은 물을 얻기 위해 흙탕물을 퍼내는 방법도 있지만
그것보다도 가만히 가라앉히는 자연정화법도 있다.
이것이 한 생각 쉬는 것이다.
티끌세상에서 자신을 늘 살피며 살아간다면
행복을 만드는 사람이라 할 것이다.

꽃을 드니 미소 짓다

초판 1쇄 발행 2018년 4월 18일
글 그림 | 제운 스님
펴낸이 | 이의성

펴낸곳 | 지혜의나무
등록번호 | 제1-2492호
주소 | 서울시 종로구 관훈동 198-16 남도빌딩 3층
전화 | (02)730-2211 팩스 | (02)730-2210
ⓒ제운 스님

ISBN 979-11-85062-27-3 03220